贵州地域文化概论

杨钧月　主编

中国纺织出版社有限公司

内 容 提 要

本书从自然地理环境入手，以贵州的历史发展过程为时间线索，将各民族文化作为核心要素，从民俗信仰、聚落空间、建筑技艺等多个角度解读贵州地域文化，尽可能呈现贵州地域文化的层次性和多元性。

本书具有系统性强、针对性强、适用面广的特点，适合城乡规划学、建筑学、社会管理学、人文地理学等专业学生作为专业课或专业选修课教材，也可作为广大人文与社会科学工作者、科学技术工作者、环境工作人员、管理人员与干部培训的参考用书。

图书在版编目(CIP)数据

贵州地域文化概论/杨钧月主编. —北京：中国纺织出版社有限公司，2023.6

ISBN 978-7-5229-0686-7

Ⅰ.①贵… Ⅱ.①杨… Ⅲ.①文化史—研究—贵州 Ⅳ.①K297.3

中国国家版本馆 CIP 数据核字(2023)第 111666 号

责任编辑：张　宏　　责任校对：江思飞　　责任印制：储志伟

中国纺织出版社有限公司出版发行
地址：北京市朝阳区百子湾东里 A407 号楼　邮政编码：100124
销售电话：010—67004422　传真：010—87155801
http://www.c-textilep.com
中国纺织出版社天猫旗舰店
官方微博 http://weibo.com/2119887771
北京虎彩文化传播有限公司印刷　各地新华书店经销
2023 年 6 月第 1 版第 1 次印刷
开本：710×1000　1/16　印张：8.5
字数：103 千字　定价：98.00 元

凡购本书，如有缺页、倒页、脱页，由本社图书营销中心调换

前　言

贵州,简称黔,地处中国西南腹地,在历史上有着重要的军事战略地位。贵州历史悠久,在24万年前就有远古人类在此生活,经过长期的发展过程,生活在贵州这片土地上的勤劳人民创造出了丰富灿烂的贵州地域文化,是中华民族文化宝库的重要组成部分。然而,贵州山高水险、民族众多,在经济发展上处于劣势地位。随着经济全球化、西部大开发的号角响起,整理、发掘、弘扬贵州各地域、各民族的优秀文化成了各行各业工作者必不可少的工作内容。本书正是在这样的时代、社会和经济背景下,对贵州地域文化进行梳理和解读,以期能对贵州地域文化的传承、发扬和贵州地方社会经济发展产生积极作用。

本书参考了国内对贵州地域文化研究的最新成果,结合贵州的历史发展过程,以民族文化为核心,从地域性、历史性、民族性等多个方面系统梳理了贵州地域文化。全书设有八章,分别为贵州地域文化概论、贵州地域文化的地理条件、贵州历史文化、贵州山水文化、贵州少数民族聚落文化、贵州屯堡文化、贵州古建筑文化、贵州地域文化融合。本书从自然地理环境入手,以贵州的历史发展过程为时间线索,将各民族文化作为核心要素,从民俗信仰、聚落空间、建筑技艺等多个角度解读贵州地域文化,尽可能呈现贵州地域文化的层次性和多元性。

本书由贵州大学建筑与城市规划学院杨钧月主编,贵州大学建筑与城市规划学院王佳蕾、杜佳任副主编,编写人员分工明确、通力合作,第一章由王佳蕾和杜佳编写;第二章由杜佳编写;第三章由王佳蕾编写;第四章由杨钧月、王佳蕾和杜佳编写;第五章、第六章、第七章由杨钧月编写;第八章由杜佳编写;全书由杨钧月统编定稿。

  本书受首批国家级一流本科课程社会实践一流课程城市规划设计(8)(项目编号:2020150166)、2022年贵州省"金课"《城乡社会综合调查研究》、贵州省2022年高等学校教学内容和课程体系改革项目"贵州地域文化植入和线上线下混合教学模式下的城市设计课程体系改革"(项目编号:GZJG20220722)的资助。

  由于编者掌握的资料有限,本书尚存不足之处,恳请读者批评指正。

编者
2022年12月

目 录

第一章 概 论 — 001
第一节 贵州地域文化的概念 — 001
第二节 贵州地域文化的特征 — 002
第三节 贵州地域文化的意义 — 009

第二章 贵州地域文化的地理条件 — 013
第一节 贵州地势与气候条件 — 013
第二节 贵州地貌条件——喀斯特 — 016
第三节 地理条件对贵州地域文化的影响 — 020

第三章 贵州历史文化 — 025
第一节 贵州原始社会文化 — 025
第二节 贵州奴隶社会文化 — 027
第三节 贵州封建社会文化 — 032
第四节 贵州近代社会文化 — 041

第四章 贵州山水文化 — 045
第一节 山水与贵州精神 — 045
第二节 山水与贵州审美 — 050

第五章　贵州少数民族聚落文化 …… 055
第一节　贵州苗族聚落文化 …… 056
第二节　贵州布依族聚落文化 …… 061
第三节　贵州侗族聚落文化 …… 066
第四节　贵州土家族聚落文化 …… 069
第五节　贵州彝族聚落文化 …… 074

第六章　贵州屯堡文化 …… 081
第一节　贵州屯堡的形成与发展 …… 081
第二节　贵州屯堡的类型与社会组织结构 …… 084
第三节　贵州屯堡的信仰与民俗 …… 086
第四节　贵州屯堡聚落空间形态 …… 088
第五节　贵州屯堡建筑类型及形制 …… 094

第七章　贵州古建筑文化 …… 101
第一节　贵州古建筑文化发展脉络 …… 105
第二节　贵州古建筑案例 …… 108

第八章　贵州地域文化融合 …… 121
第一节　贵州地域文化融合互动的表现 …… 121
第二节　贵州地域文化融合互动的影响 …… 123

参考文献 …… 127

第一章

概 论

第一节 贵州地域文化的概念

一、文化的概念

什么是文化？文化一词在现有文献中最早可以追溯到西汉史学家刘向的一篇散文《说苑·指武》，该文有如下记载："圣人之治天下也，先文德而后武力。凡武之兴，为不服也，文化不改，然后加诛。"此处的"文化"二字具有"文治教化"的含义[1]。进入现代社会后，文化一词的定义变得包罗万象、众说纷纭。在1952年，美国一部专门研究"文化"概念的著作《文化：关于概念和定义的探讨》中就列举了文化的161种定义，而这些定义对"文化"的解释，总结下来无外乎广义和狭义两种。广义的"文化"几乎与"文明"同义，是指由人类长期创造形成的物质财富和精神财富的总和。狭义的"文化"则是人类在社会实践过程中，发挥主观能动性，适应、利用和改造自然界客体，从而实现自身价值观念的过程。换句话说，是指人类按照自己的方式改造客观世界，使事物带上人文性质，再通过这些人文成果来影响人、提高人和造就人，使人能够得到更自由、更全面的发展。

---

[1] 张岱年，方克立.中国文化概论[M].北京：北京师范大学出版社，1994.

文化的概念可以从三个层面理解，首先是物质文化层，是指在人类加工之下所创造的各类物品，是人类本质力量的物化呈现；其次是制度文化层，是指人类在社会实践过程中总结经验所建立的各类制度、规范和准则等；再者是观念文化层，是指人类在社会实践过程中所形成的思维方式、价值观念、审美情趣，以及在社会交往过程中约定俗成的风俗习惯。

二、贵州地域文化的概念

贵州地域文化是指产生于贵州省并存在于贵州省区域内的文化的总和，是贵州人民在长期社会实践中所积累的文化成果。贵州地域文化是贵州各民族在漫长的社会实践过程中形成的思维方式、价值观念和生活方式，以及在历史发展过程中所积累的各种物质文化形态和非物质文化形态。贵州地域文化反映了贵州文化与周边文化交往过程中的特点，也反映了贵州人与人交往的方式和贵州人与自然的互动关系。

贵州地域文化之所以具有鲜明的区域文化特征，是因为贵州特有的自然环境造就了特殊文化生态，从而产生了不可替代、不可复制的文化品格。贵州地域文化一方面区别于其他地域文化而极富个性特征，另一方面又与中原文化紧密相连、一脉相承，是中华文化的多元组成部分，也是中华文明丰富内涵的体现。

第二节 贵州地域文化的特征

一、贵州自然环境与自然资源特点

（一）贵州自然环境特点

贵州地处中国西南山区，是云贵高原东部斜坡地带，省域大部分区域是切割深度大、切割密集的典型喀斯特地质地貌，地形结构十分复杂,再加上境内河网密布、水系纵横,加剧了侵蚀切割,更增加了地形地貌的复杂性。另外,碳酸盐类岩石在贵州境内广泛分布,半出露和出露面积占全省总面积的 61.9%,在亚热带高温多雨的气候条件下,岩石的溶蚀作用剧烈,使贵州喀斯特地貌类型多样、形态齐全。地表有峡谷、洼地、溶沟、溶痕、干谷、漏斗、峰林、石林、峰丛、瀑布、穿洞、天生桥等;地下有暗河、溶洞、伏流等。丰富的地貌为动植物提供了多样的生境条件。然而,喀斯特山区具有土层浅薄、生境干旱、石灰性较强等特点,加上陡峭的地形,山地和丘陵占贵州全省面积的 92.5%,有 61.01% 的土地坡度在 25 度以上❶,致使贵州农业发展受到较大局限。

(二)贵州自然资源特点

贵州西部是动物区系,是西南区与华中区的交接地带,南部则是华南区与华中区的过渡地带。因此,省内同时分布着华中区、西南区和华南区的部分动物物种。另外,喀斯特地形地貌造就的多样环境,再加上第四纪冰川对贵州未造成大面积影响,使得贵州现代生物界中有丰富的古代孑遗物种,物种类型繁多,区系成分复杂。

贵州能、矿资源丰富,煤炭资源储量居全国第四,磷、铝、汞、锑等 28 类矿产资源位居全国前五,其中铝土矿质量是全国最好的省份之一。水能蕴藏量为全国第六,且分布相对集中,淹没损失小。

贵州还拥有类型多样、数量庞大的自然旅游资源,属全国罕见。目前世界上已开发的自然旅游资源有 15 种,为山地、泉水、洞穴、河湖、瀑布、高原、岛屿、海洋、森林、阳光、礁滩、草原、雨雾霜雪、野生动物、花木等,贵州就占有 10 种之多,包括了山地、泉水、洞穴、河湖、瀑布、高原、森林、草原、野生动物、花木等。其中,以黄果树瀑布为代表的瀑布旅游资源就有 20 多座,以织金洞为代表的溶洞旅游资源就有

---

❶ 数据来源:中国新闻网:贵州林地面积是耕地面积三倍以上。

800多处。

二、贵州社会形态与经济特征

(一)明代以前

贵州自古以来是一个多民族聚集的区域,明代以前主要以少数民族居民为主,汉族较少。《贵州古代民族关系史》一书根据语言系统将西南地区的民族大致分为四个族系:藏缅语族、壮侗语族、苗瑶语族和百濮族系。另外,还有分布在澜沧江以西的南亚语系。使用藏缅语的民族有彝族、藏族、白族、羌族、纳西族、傈僳族等;使用壮侗语的民族有壮族、侗族、布依族、水族、傣族、毛南族、仫佬族;使用苗瑶语的民族则有瑶族、苗族、畲族等;百濮族系的语言系属尚不明确,以仡佬族为代表。另外还有分布在澜沧江以西的南亚语系❶。在贵州地区的这四大族系生活环境存在较大差异,因此形成了不同的精神文化内涵和社会经济形态。贵州特殊的地形地貌条件,使得各个民族居住相对集中,形成了大杂居小聚居的社会形态。为适应自然环境和物质条件的限制,不同地区的不同民族社会生产力水平不同,使得社会形态和经济类型多彩纷呈,进而使得贵州文化呈现出不同地域下的多样化特征。

以明代以前贵州四个少数民族族系为依据,可以总结出四种贵州经济类型:

藏缅语族的少数民族原先为游牧民族,在三国到魏晋南北朝时期,农业得到了发展,出现了铁质农具,纺织业也有了进步,畜牧业出现了固定的牧场。到宋代,藏缅语族的少数民族得到稳定发展,社会安定,有繁荣的经济贸易活动,与中原政治和经济的联系频繁,促进了该语族少数民族经济和生产力的提高,藏缅语族的少数民族经济

---

❶ 侯绍庄,史继忠,翁家烈.贵州古代民族关系史排[M].贵阳:贵州民族出版社,1991:16.

类型可以总结为且耕且牧型。

壮侗语族的少数民族有着悠久的耕种水田的历史,有固定的聚居点和成熟的农业技术,还擅长狩猎。如《宋史·蛮夷传三·抚水州》中记载:"种水田,采鱼,其保聚山险者虽有畲田,收谷粟甚少,但以药箭射生,取鸟兽尽即徙他处,无牛羊、桑柘。""川原稍平,合五百余家,夹龙江居,种稻似湖湘。"❶壮侗语族的少数民族经济类型可以总结为稻作狩猎类型。

苗瑶语族的少数民族是山地民族的典型代表,刀耕火种是其主要的谋生手段,其次也靠在山中采集的竹木、菌果等供日常所需。在这样的生存条件下,苗瑶语族的少数民族都难以避免要迁徙游走,当土地肥力耗尽、山中鸟兽猎尽、山中野果采尽之时,山地民族则需迁徙,因此过着居无定所的生活,这正是所谓的"赶山吃饭"❷。因此,苗瑶语族的少数民族经济类型可以总结为山地经济类型。

百濮族系长期从事农耕,有固定的居住聚落,在农业发展的基础上,百濮族系的少数民族手工业和矿业都比较发达,有高明的铸造技术。在《贵州六百年经济史》中就有详细论证,"综观濮人的经济,当属农业、手工业和矿业综合发展的类型"❸。

(二)明代以后

明代出于固守边疆和平定云南的需求,在贵州设置卫所,派重兵驻守,因此带来了大量汉族移民。随着从事民屯和商屯的移民增多,贵州外来人口比重不断增大,使得贵州民族构成发生转变,同时极大地带动了贵州地方经济、社会和文化的发展。

就明代贵州移民的成分来看,大部分是由当时的政府强制迁入

---

❶ 尹小林.二十五史[M].北京:中华古籍国学宝典文库,2022:6781.
❷ 李振纲,史继忠,范同寿.贵州六百年经济史[M].贵阳:贵州人民出版社,1998:23.
❸ 李振纲,史继忠,范同寿.贵州六百年经济史[M].贵阳:贵州人民出版社,1998:17-19.

的,主体部分为军事移民,其次是政治移民,再者是商业移民。从民族构成来看,主体为汉族,还包含少量的回族和苗族等。移民的来源主要是中原和江南,其中以四川、江西、江苏、福建、安徽等地最多,另外也有来自山东、山西的移民。就分布而言,军事移民和商业移民主要沿驿道分布,而政治移民则分布在流官统治区域。各地的移民将强势的汉族主流文化带至贵州区域,与本土文化碰撞、融合,形成了多彩的贵州地域文化。

汉族移民大规模进入贵州以后,对贵州社会形态和经济类型的影响主要有以下几个方面:

第一,汉族移民改变了贵州的人口构成。自明代中后期,在军事移民的基础上,因政治和贸易等原因迁入贵州的移民增多。汉族移民沿驿道和主要交通干道渗透到边远山区,贵州的人口组成因此逐渐转变,部分地区汉族人口占据了主导地位。

第二,汉族移民改变了贵州的经济结构。汉族移民将先进的农业生产技术——牛耕技术带到了贵州,推动了农业的巨大进步。在缺乏水源、没有条件开垦水田之地的情况下,便开垦土地,种植豆类、小麦等农作物。随着移民一起传入贵州的还有玉米、番薯、洋芋等粮食作物,以及甘蔗、棉花、烟叶等经济作物。农作物品种的多样化改变了贵州落后的"靠天吃饭"的经济局面。此外,采矿业和手工业也有了新的发展。位于黔东北地区的铜仁、思南、镇远,是湘黔驿道的必经之路,与湖广(指湖南、湖北)、四川接壤,水运强盛、商业繁华,大量商人聚集于此,专门从事贸易活动。汉族移民给贵州带来了多种经济模式,转变了贵州落后单一的经济结构,同时改变的还有贵州少数民族的生活方式。

第三,汉族移民推动了汉文化在贵州的传播。来自江苏、江西、湖南、湖北、陕西、山西、四川等地的汉族移民,自古以来就有读书习礼的习惯。同时,明朝政府也极力通过文化教育和科举入仕来带动少数民族学习儒家文化,以达到用夏变夷的效果。朱元璋把"移民善俗,礼为之本;敷训导民,教为之先"作为安边的基本国策。在洪武年间就有"治国以教化为先,教化以学校为本"的方针政策,各地方都十分重视教育,办学成为地方官员的重要考核内容❶。明朝历代都通过设学官、建学校、修孔庙、开科举来体现政府的怀柔之意。汉文化的兴起对贵州政治、经济、文化产生了极大的影响,书院、社学、私塾等在广大城市与乡间逐渐兴起。

三、贵州地域文化的多元一体特征

独特的地形地貌和地理条件,以及相异的社会组织结构和经济形态,造就了贵州丰富的地域文化内涵,总的来说,多元一体即贵州地域文化的典型特征。

贵州地域文化是中华传统文化的一部分,具有独特的地域特征,它有异于黄河流域的"中原文化"和长江流域的"江南文化",与周边的"滇文化""巴蜀文化""粤文化""楚文化"也有所不同,贵州地域文化拥有独特的文化风貌。有学者将贵州地域文化称为"夜郎文化",这是从历史文化的角度;也有学者将其总结为"高原文化"或"山地文化",这是从地理气候条件的角度;还有人把它称作"少数民族文化",这则是强调了民族组成与特征。然而,这些总结方式都未必全面,贵州地域文化是历史、地理和民族三种因素的融合统一,是由这些文化共同组成的,而不能单从某一方面进行总结,因此,我们说贵州地域文化的基本特征为"多元一体"。

贵州"多元一体"的地域文化特征与其历史发展和民族状况有密切关系。在秦汉以后,贵州就持续受中华传统文化熏陶,虽因贵州古代交通不畅,贵州与中原地区的联系时强时弱、时断时续,但总体而

---

❶ 廖荣谦.明代贵州汉族移民及其对少数民族地区人文生态建构的影响[J].内江师范学院学报,2018,33(9):78-84.

言呈不断扩大的趋势。贵州地域文化长期以来就有"双轨"发展的特征,一方面是汉文化的不断渗透,另一方面是少数民族文化自身的不断发展,同时,这两条文化发展的轨迹又相互结合、彼此影响,让贵州地域文化长出新芽、开出新的绚烂文化花朵。

贵州地域文化的多元性还与周边文化有密切联系。贵州被广西、云南、湖南、四川四个省环绕,而这四个省都是极具特色的文化区,因此,贵州势必会受粤文化、滇文化、楚文化和巴蜀文化的影响,这几种不同的区域文化向贵州不断渗透,造成了黔南、黔西、黔东和黔北的若干文化差异,这种差异在汉语地方方言和民居形态上都有明显体现。

此外,汉族移民大量涌入,为贵州地域文化带来了更加复杂的文化现象。从川陕、两江、湖广等地移民到贵州的汉族带着他们固有的地方文化在贵州生存繁衍,或沿驿道,或呈点状分布,形成了如镇宁、安顺、平坝等地的"屯堡文化"。

如此看来,贵州地域文化是多民族文化、多区域文化的汇集和凝结,犹如各种文化百川汇流于此,这使得贵州地域文化有着丰富的内涵和深厚的底蕴。文化交融是贵州地域文化多元一体特征的具体表现,在长期的历史发展过程中,贵州各民族文化相互交流、居住相互交错、习俗相互感染、经济相互依存。在贵州,各种文化既保留了自身文化的特征,又相互交融,很难将他们截然分开。例如,在壮侗语族盛行的铜鼓在部分苗族和瑶族也盛行,而苗族擅用的芦笙在侗寨也十分常见。再如,原本来自中原地区的春节习俗,在贵州许多民族中也广泛存在。就这样,各民族文化不断吸收其他民族文化,并将其纳入自己的文化体系中,用这种融合的方式,让不同文化之间形成连接,构建起贵州地域文化复杂、有机的文化体系。贵州地域文化多元一体的特征,正是既强调文化的多元性,又强调多元文化的融合贯通。

第三节　贵州地域文化的意义

学习和研究贵州地域文化,是为了理解贵州地域文化的精神实质,以便更好地为贵州地方经济发展和现代化建设服务。

一、人文精神的培养

文化的学习,本质上是为提升生存的意义和价值,拓展人们的精神空间,而理解和传承优秀的地域民族文化,能帮助人们在全球一体化的潮流中找到精神归属,不至于迷失在现代社会充满物欲的环境中。

贵州地域文化是中华传统文化的有机组成部分,但因历史和地理原因,四面皆山的贵州很难将自身的文化特征展现出去。闭塞的环境和落后的经济还让贵州地域文化面临着断裂、消亡的危机,这无异于让贵州地域文化丧失了迎接社会挑战的主动性。作为中国新时代的建设者,我们有责任从贵州地域文化中吸取养分,将其融入新的时代精神当中,使其成为中华传统文化精神的宝贵精髓之一,进而成为保护、开发、发展贵州的内在动力。

二、民族自信的培养

险峻的地形地貌限制了贵州的交通和城镇化发展,导致贵州经济落后于周边省份,正如古代出现了"黔驴技穷""夜郎自大"等成语,这些都让不少贵州人陷入文化自卑之中。文化不自信会滋生出不少贵州人消极无为、听天由命、封闭保守、安于现状的思想观念,让文化的贫困进而演化为经济和社会的贫困,进而限制贵州未来的发展。而这一切的根本原因都是对贵州地域文化的认识不足,以及对贵州地域文化潜力的低估。

实际上,贵州气候宜人、自然资源丰富,矿产资源储量位居全国前十位的就有44种之多。贵州文明最远可追溯到远古,考古发现的旧石器时代文化遗址就有30余处,在贵州一系列文化遗迹中,能清晰展现古人类从距今24万年到数千年的生活序列,普定等地的穿洞遗址发现的骨器在我国旧石器研究中有相当重要的地位,在国际上也极为罕见。贵州还有优越的旅游资源,拥有世界第三大瀑布——黄果树瀑布;世界最大苗族聚居地——西江千户苗寨;亚洲第一大溶洞——织金洞。另外,历史上的贵州涌现出了大量人才,例如司马相如学赋的盛览、开南中教育的尹珍、唐朝工部尚书赵国珍、晚清名臣张之洞和丁宝桢、民国时期著名政治人物张道潘、著名冶金钢铁实业家张重山等。通过对贵州地域文化的了解,能够让人们正确认识贵州地域文化的价值,增强对贵州地域文化的认同感和自豪感,这对促进贵州发展大有裨益。

三、创新意识的培养

对贵州地域文化的系统梳理,能观察到贵州地域文化的发展史是各族文化相互接受、融合创新的文化交流史。从外部输入的中原文化、粤文化、楚文化、滇文化和巴蜀文化给贵州带来活力的同时,也对贵州地域文化带来了冲击,创新的文化交流和融合,正是各族文化和谐共生的模式。创新的本质是人类开拓新认知时的复杂心理和实践活动,其特征是运用非凡的想象力、"冒险"的精神,以及科学的认识论和方法论来突破传统、常规和现实的固有形式。贵州地域文化所带给人们的"创新"启示就在于:正如贵州多元一体的地域文化特征一样,只要广泛吸取各族文化的精髓,大胆创新探索,就能找到让贵州地域文化崛起的机会。

本章小结

本章通过对文化的概念介绍引入了贵州地域文化的概念,认为贵州地域文化是指产生于贵州省并存在于贵州省区域内的文化的总和,是贵州人在长期社会实践中所积累的文化成果。随后对贵州自然环境和自然资源特点进行了介绍,并对贵州社会形态和经济特点进行了说明,以此论证了贵州地域文化多元一体的特征。最后,点明了学习贵州地域文化具有培养人文精神、培养民族自信和培养创新意识的重要意义。

思考与讨论

1. 贵州地域各族文化之间如何实现相互影响、融合共生?
2. 贵州地域文化的创新思维体现在哪些方面?

推荐阅读书目

[1]黎铎.贵州文化发展概观[M].贵阳:贵州人民出版社,2003.
[2]杨昌儒,孙兆霞,金燕.贵州:民族关系的构建[M].贵阳:贵州人民出版社,2010.

第二章
贵州地域文化的地理条件

地理环境是人类活动的支撑,也是人类活动的舞台。贵州的地理条件直接影响着贵州人的生产、生活方式以及经济文化类型。贵州省位于中国西南部,虽距离发展较成熟的中原地区和江南地区较远,但也非边陲之地。全省土地总面积17.62万平方公里,截至2019年末,贵州省常住人口3622.95万,城镇化率为49.02%,共设6个地级市、3个自治州、10个县级市、88个县级政区。

贵州多山,"江南千条水,云贵万重山"是古代文人刘伯温对贵州的描述,而在贵州得道的明代哲学家王阳明也曾发出"天下之山聚于云贵;云贵之秀,萃于斯岩"的感慨。贵州的重山万岭是由碳酸盐类岩石构成,以陡峭、险峻、密集为特征。贵州的山还以多洞而著称,织金洞、龙宫、紫云洞等久负盛名,洞中石笋、石花、钟乳石、石幔等千姿百态。这些山和洞,就是喀斯特。在贵州,喀斯特与人们的生产方式、生活方式,经济文化类型密切联系着。

第一节 贵州地势与气候条件

一、贵州地势条件

贵州地处青藏高原向丘陵平原过渡的斜坡地带,地势由西向东逐渐降低,呈现中西部高,东、南、北低的地势,垂直方向呈两面斜坡,是高耸于四川盆地与广西、湖南丘陵之间的高原山地。

贵州地势可以分为三个台面。第一台面由西部赫章、威宁、水城一带的高原组成，海拔2900—2200米，是云南高原的延续，拥有典型的高原地貌，高原的边缘切割强烈，形成高中山。第二台面由黔北、黔南、黔中山原和丘原组成，范围包含遵义以南、惠水以北、黔西以东、镇远以西的广大区域，海拔1500—1000米，南北两大斜坡是山区分布的区域。第三台面由江口和镇远以东的低山丘陵组成，海拔800—500米，与湖南丘陵区连成一片。

贵州地势起伏大，最高点位于威宁韭菜坪，海拔2900米，最低点位于都柳江出省处，海拔137米，高差2763米。各台面的起伏状况各有不同，第一台面地形起伏小，相对高度小，河流切割浅，如贵阳、安顺、平坝、遵义、麻江、瓮安、湄潭等地；地形起伏小的还有第三台面，相对高度一般在200米以下，如锦屏、玉屏、铜仁等地；第二台面是高原边缘，台面转换的区域，各大河流切割深，下游地区地形起伏大，地处高原北部的沿河、道真、桐梓、习水等地与地处高原南部的荔波、罗甸、望谟、册亨、安龙等地的相对高差能达100—700米以上，在局部隆起的山地，相对高差则可达到700—1000米以上，如龙头山、雷公山、梵净山等断块山地。

二、贵州气候条件

"一山有四季，十里不同天""一日之间，乍寒乍暖；百里之内，此燠彼凉"，贵州民间流传的俗语是贵州气候的真实写照。"一山有四季"形容的是立体气候变化；"十里不同天"则是对区域气候差异的描述；"一日之间，乍寒乍暖"是指气候善变；"百里之内，此燠彼凉"则是说各地气温的差异大。正是太阳辐射、大气环流，以及贵州特殊的地形条件造就了贵州复杂多变的气候特点。

贵州在北纬24°38′—29°14′，地处中纬度。虽然与福建、江西、湖南的纬度相近，但受地势与冷暖气流的影响，年平均温度较低。同时,南下的冷空气受青藏高原、大巴山和秦岭阻挡,贵州又属于纬度较低的地区,所以冬天气温较同纬度其他地区要高,大部分地区的一月平均温度为2—8℃。在夏季,因贵州地势偏高,又受云贵静止锋的影响,气温低于同纬度的其他省份,七月平均温度为20—26℃。

贵州不仅有高原、山地等大气候的特征,也有河谷、山谷、山阴面、山阳面、迎风面、背风面等小气候特征。贵州中部地区冬暖夏凉、四季分明;贵州西北部则冬冷夏凉、冬长夏短,是高寒之地,一月平均最低气温在0℃以下;贵州东北地区是冷空气入侵的前哨,极端最低气温低于-10℃;贵州西南地区气候与云南接近,日照充分、云量少、水汽少,一月平均气温有6℃以上。然而,在贵州的河谷地区存在着三个高温区,分别为红水河下游河谷、乌江河下游河谷、赤水河下游河谷,七月平均气温可高达32—34℃,是夏长冬短、冬暖夏热的气候特征。

贵州还有明显的立体气候,境内隆起的山峰众多,在坡度较陡的地区,垂直气候差异较大。以大方县为例,县城位于山腰台地,而山谷的对山与山顶的马千山距离仅为20多公里,海拔却相差了855米。有时山顶阴雨绵绵、云雾缭绕,山谷却阳光明媚,这便是"一山有四季"的表现。

贵州年降雨量充沛,在1100毫米以上,但是雨量的空间分布差异明显,可以总结为三个少雨区和三个多雨区。多雨区降雨量在1400毫米以上,包括西南暖湿气流入侵通道上的织金、六枝、晴隆、兴义区域;位于苗岭山脉迎风面的都匀、丹寨区域;以及地处武夷山迎风面的铜仁、江口、松桃一带。少雨区降雨量不足1100毫米,包括位于乌蒙山背风面的毕节、赫章、威宁区域;地处大娄山西北坡的桐梓、正安、道真一带;以及受局部地形影响的镇远和施秉地区。雨季一般集中在夏季,4月开始,9月结束,降雨量占全年的75%左右。

影响贵州气候条件的因素有很多,因此,贵州气候具有复杂多变的特点,灾害性天气比较频繁,凝冻、冰雹、低温、大风、干旱、内涝等常有发生。贵州西部常有春旱发生;东部地区在入夏后常会出现伏旱;黔东南地区则年年都有"六月旱"。另外,贵州大部分地区暴雨强度较大,往往引发山洪、内涝、雹灾等灾害。而黔西北的高寒地区常有冻雨、雾凇等凝冻现象。

第二节 贵州地貌条件——喀斯特

贵州全省土地面积的73.3%为喀斯特地貌,喀斯特面积约13万平方公里。全省有83个市县有喀斯特分布,占了全省市县总数的95%,其中喀斯特面积占市县面积50%以上的就占总数的75%,占90%以上市县面积的市县占总数的42.5%。贵州是中国乃至世界喀斯特分布最为集中的地区。

一、喀斯特的地貌形态

(一)喀斯特的形成过程

喀斯特是以岩石的化学溶解性为特征的特殊自然过程,水和可溶性岩石就是喀斯特形成的基本条件。可溶性岩石大致可分为三类:一是碳酸盐类岩石,如白云岩、石灰岩;二是硫酸盐类岩石,如芒硝、石膏等;三是卤盐类岩石,如钾盐、石盐等。其中,碳酸盐类岩石分布最广,而贵州喀斯特大部分都分布在石灰岩地区。流动的水与石灰岩发生喀斯特作用,形成孔隙和溶洞,即形成了喀斯特的标志景观。

(二)喀斯特的地表形态

在贵州,地表流水沿可溶性岩石溶蚀,形成溶痕,溶痕日积月累不断加深,形成了溶沟,溶沟与溶沟之间突起的嶙峋石块被称为石芽,形态奇特的石芽聚集在一起则形成石林。贵州的石林相对高度一般在20米左右,成群出现的石林远望犹如密林,十分壮观,修文、兴义等地都有不同规模的石林景观。

地表水沿可溶性岩石垂直运动,不断对岩石上的裂隙进行溶蚀,形成喀斯特裂隙,地表水沿裂隙不断向下运动,汇入地下河,所形成的通道即被称为落水洞,一般呈缝隙形、圆形或者井形。落水洞继续下滑则形成竖井。贵州常见一些漏斗状的封闭洼地,也被称为盘坑,在漏斗的底部常有落水洞通向地下河。贵州麻山的宗地乡密集分布着漏斗和洼地,当地人常以"麻窝""麻山"命名。当多个漏斗和洼地连接成为长条形的洼地时,就形成了喀斯特槽谷,人们称之为"冲""槽"或者"坝子"。由于"坝子"较为平坦,常被当地人用作农业耕作基地。

盲谷也是贵州喀斯特地区的特殊地表形态,它是指没有出口的地表河谷,水流或在河谷末端通过落水洞流入暗河,或干涸形成干谷。地下河或者溶洞的顶板塌陷就会形成空洞,顶板塌陷可能会有残留,若两端与地面连接,则形成桥状形态,被称为天生桥,如桥下有暗河,则被称为穿洞,穿洞是贵州常见的喀斯特景观。在地势低矮的地方,由于常年积水或者地下河淤塞会形成喀斯特湖泊,贵州威宁草海就是大型的喀斯特湖。

喀斯特地区山体形态特殊,石灰岩山峰高耸成林则称为峰丛或峰林。峰林相对高度一般为100—200米,坡很陡,山坡表面有石沟、石芽分布,内部有落水洞、暗河、溶洞等。贵阳的黔灵山、东山等,都是典型的峰林。

(三)喀斯特的地下形态

溶洞又称洞穴,是贵州喀斯特地下形态的典型特征,是可溶岩在喀斯特作用下形成的空洞。溶洞里的碳酸钙堆积物千姿百态,有钟乳石、石柱、石珊瑚、石笋等多种形态,具有很高的观赏价值。织金洞是贵州喀斯特溶洞的典型代表,洞内碳酸钙堆积物形态独特、类型丰富,目前已勘测的洞穴面积有20多万平方米,遍布有40多种堆积物,鸡血石、松子石、葡萄石、晶芽、珍珠田等,万千喀斯特溶洞景观在洞中呈现,其中有银雨树、霸王盔、灵芝山等造型独特的溶洞堆积物,被视为珍贵的国宝。

喀斯特地下形态还有地下湖泊和地下河,地下河也称伏流、暗河。在贵州,地表河有流入地下河的情况,也有地下河又流出地表的情况。平塘、独山、荔波、罗甸等地是地下河分布比较多的区域。在部分地下空洞区,积蓄了大量地下水后便会形成地下湖泊。

贵州纷繁复杂的喀斯特地表形态与地下形态进行多样组合,共同构建起复杂多变的喀斯特生态环境,这就是贵州地域文化的地理条件。

二、喀斯特在贵州的分布

强大的自然力量将贵州雕琢成南北不同、东西各异的喀斯特世界。

(一)喀斯特在黔东的分布

黔东是低山丘陵区,碳酸盐岩石分布比较少,喀斯特发育比较弱,喀斯特景观并不丰富。在剑河、天柱、锦屏、榕江以及雷山南部和梵净山区北部,更是形成了成片的非喀斯特地区。黔东的喀斯特地区主要分布在东北部的镇远、岑巩、万山、玉屏、松桃、江口、铜仁一带,喀斯特地貌以洼地、盆地和喀斯特低山丘陵为典型。

(二)喀斯特在黔北的分布

黔北碳酸盐岩分布广泛,喀斯特地貌发育强烈,地貌形态类型多样,喀斯特地下河和大泉常见。由于沉积岩中碳酸盐岩层与非碳酸盐岩层交错分布,使得喀斯特地貌与非喀斯特地貌也交错成条状分布。喀斯特地貌沿主要排水道分布,如乌江两岸地下溶洞、暗河较为常见。分水岭地区的喀斯特漏斗、落水洞、干沟、洼地等也较常见。一般来说,喀斯特地表形态较少,很少有峰丛地貌。

(三)喀斯特在黔中的分布

贵州中部地势起伏小,是长江水系和珠江水系的分水岭,以开阔的喀斯特溶蚀盆地、槽谷和喀斯特丘陵组成的复合喀斯特地貌为主,丘陵一般高出谷地或者盆地200米以内,基部相连,地表呈孤立状。喀斯特峰丛是黔中地区常见的喀斯特地貌类型之一,与喀斯特盆地和洼地组合形成峰林盆地、峰林洼地,在贵阳、安顺最为常见,也是当地具有较强旅游价值的景观。黔中喀斯特发育强度沿分水岭至河谷逐渐增强,暗河、溶洞、地下河往往分布在分水岭两侧,在镇宁、安顺、普定、长顺等峰林盆地一带,也是地下河常见的区域。

(四)喀斯特在黔南的分布

贵州南部是喀斯特形态类型最丰富的区域,可以说是全省之冠。黔南地表和地下喀斯特都发育剧烈,密度大,规模也大,尤其是喀斯特暗河和溶洞发育剧烈,在独山、惠水、平塘、紫云、都匀、三都等地都分布有大量溶洞。据不完全统计,贵州南部的地下河有180余条之多,最长的为罗甸大小井的地下河,长达85公里。喀斯特峰林洼地在黔南也十分典型,尤其在平塘牙舟和紫云宗地一带密集分布。大规模、高密度的喀斯特分布形成了典型的封闭环境,为地区社会、经济和文化发展都带来了挑战。

(五)喀斯特在黔西南的分布

黔西南也是碳酸盐岩层分布最广的区域,喀斯特发育较强,喀斯特形态以峰丛以及其他组合类型为特色。低矮浑圆状的残丘坡地是常见的类型,相对高度有数十米,在巴铃、德卧等地分布;峰林谷地主要分布在关岭、兴义等地,地下水埋藏较浅,地表常有细小河流;峰丛洼地主要分布在安龙、贞丰等地,是由基座相连德峰丛与封闭德洼地组合而成,洼地中常有落水洞和漏斗等;峰丛峡谷在河流沿岸一带发育,形成典型的高原峡谷地貌,河谷上多有瀑布、跌水或者急滩,以兴义市附近的马岭河大峡谷为典型代表。

(六)喀斯特在黔西的分布

贵州西部属于高原山地区,也是喀斯特地貌形态丰富的区域,溶洞、暗河、谷地、洼地、漏斗、竖井、峰林、峰丛都较常见。黔西地区还有大小不一的喀斯特湖泊分布,贵州俗称"海子",威宁草海就是喀斯特湖的代表,被称为"高原明珠",是国家级自然保护区。喀斯特峰丛以峰丛峡谷和峰丛洼地的形式出现,是水城和赫章等地典型的喀斯特地貌形态。贵州西部还有规模不等的喀斯特盆地,如水城盆地、牛棚盆地、妈姑盆地和中水盆地等,喀斯特盆地是当地城市建设和农业生产的主要用地。

第三节 地理条件对贵州地域文化的影响

"一方水土养一方人",贵州特有的地势条件、气候条件和地貌条件影响了贵州世世代代人的生产与生活。喀斯特地貌为贵州人民提供了良好的气候条件和丰富的自然资源,但是也为贵州人民的发展造就了脆弱、贫瘠的生态环境,随之产生了诸多环境问题,让贵州发展面临着巨大挑战。

一、生态环境贫瘠

在喀斯特生态环境下,土壤资源、水资源和森林资源都十分贫瘠。土壤是植物生长的根本,更是农作物生长的基本条件之一。而在喀斯特地区,由于碳酸盐类岩石可溶性的特点,90%的化学成分会因溶解被水带走,能够留下来成为土壤组成部分的少之又少。喀斯特生态环境形成土壤的速度十分缓慢,需要2500—8500年才能形成一厘米的土壤厚度,因此喀斯特生态环境下的土壤厚度一般都很稀薄。

在降雨量充沛的贵州,土壤流失的速度十分迅速。有研究者估算,喀斯特土壤流失的速度是形成土壤速度的2400—4800倍,导致喀斯特山区土壤分布零散、土层浅薄、岩石裸露等土壤贫瘠的情况极其常见。非生态的人类实践活动会加剧土壤流失的速度,让本就稀少的土壤消失殆尽,让喀斯特石漠化现象从预言走向现实。

喀斯特生态环境中水资源也是严重短缺的类型,这是由于喀斯特生态环境地下溶蚀现象剧烈,地表水往往会通过岩石缝隙渗入地下水系,导致喀斯特生态环境的地表有严重的干旱缺水现象。典型的喀斯特山区,农业生产不得不依靠降雨,在乡村给水基础设施不完备的时候,每逢干旱,甚至连人畜饮水都难以保障。

土壤资源和水资源的限制,直接造成喀斯特地区森林植被发育不良。贵州省喀斯特极其发育的地区森林覆盖率都比较低,森林资源的匮乏极大限制了森林植被保持水土、涵养水源、调节气候等的生态功能发挥作用。

可见,喀斯特环境是典型的脆弱、贫瘠的生态环境,严重地限制着农业、林业、牧业的发展,制约着贵州经济向前发展。

二、人地矛盾突出

喀斯特地貌让贵州面临人多地少,以及生产生活方式落后等人地矛盾,同时,由于贵州农业经济结构单一,人们缺乏生态环保意识,让贵州的人地矛盾加剧。

贵州省的城镇建设受喀斯特地形的限制,往往分布在喀斯特盆地、谷地等平坦之处,而各民族村落往往分布在峰丛洼地、谷地边缘、山体之上,为各民族社会、经济、文化的交流造成阻碍。喀斯特特殊的地貌形态严重地制约着工程设施建造,山地地形增加了交通设施建设工程量和成本,交通里程被迫延长。喀斯特地下形态复杂,不适合修建地下交通设施,抑制了贵州交通现代化发展进程。

贵州人民的生产实践活动也在作用于自然,影响着人地关系。首先是耕种行为对自然资源的破坏,人们首先选择水土条件较好、植被资源优良的地区进行种植,随着人口的增加,不得不扩大耕地面积,在坡地和土壤薄弱的区域开垦,进行广种薄收。过度的开垦和非生态的耕种方式让贵州喀斯特植被和水土被严重破坏,导致土地生产力薄弱、水土流失严重和土地石漠化加剧。

贵州喀斯特地区拥有丰富的岩石资源,因此,贵州在交通便利的喀斯特区域开设了大量的矿石开采工厂,主要是进行大理石、石灰石开采。开采后形成的废料被粗放式丢弃,开采后形成的矿坑也未进行生态修复处理,造成了环境破坏和环境退化的现象。

三、保护与发展的严峻选择

喀斯特地区是生态环境脆弱区域,人类的生产实践方式对自然生态系统功能的维护至关重要。贵州的发展应当以维护生态系统的稳定和平衡,尊重自然规律为前提,以可持续发展战略为导向,主张建立保护自然生态系统基础上的持续绿色经济增长,达到人与自然和谐相处的平衡状态。

本章小结

本章对贵州地域文化的地理条件进行了系统介绍,分为地势与气候条件、地貌条件和地理条件对贵州地域文化的影响三个方面。首先,贵州地势可以分为三个台面,有地势起伏大、隆起山体多的特征,贵州拥有高原、山地大气候特征,同时因境内高差大,小气候和立体气候特征也十分明显,贵州雨量充沛,灾害性气候频发。其次,贵州是全世界喀斯特地貌分布最集中的地区,喀斯特特殊的自然过程造就了贵州复杂多变的地表形态和地下形态,在贵州,喀斯特虽然分布广泛,但各地区的喀斯特形态各有不同,黔东、黔北、黔中、黔南、黔西南、黔西都有着独特的喀斯特形态。最后,贵州的地理条件造就了贵州贫瘠、脆弱的生态环境和突出的人地矛盾,让贵州的发展面临着严峻的挑战。在贵州,我们必须以尊重自然生态过程为基础,走可持续发展的道路。

思考与讨论

贵州的地理条件会对贵州的发展造成哪些限制?

推荐阅读书目

[1] 史继忠. 贵州文化[M]. 呼和浩特: 内蒙古教育出版社, 2006.

[2] 周晓芳, 周永章, 郭清宏. 生态线索与人居环境研究: 以贵州喀斯特高原为例[M]. 广州: 中山大学出版社, 2012.

[3] 胡莉, 熊康宁, 肖时珍, 等. 贵州喀斯特地区人地相互作用关系及其调控[J]. 贵州大学学报(自然科学版), 2014, 31(6): 5.

第三章

贵州历史文化

虽然贵州的社会历史发展进程受地理条件的限制,发展比较缓慢,但也同样是按照历史发展的客观规律来演进的,经历了原始社会、奴隶社会、封建社会、近代社会以及当代社会。在不同历史时期,贵州文化呈现不同特征。

第一节 贵州原始社会文化

一、旧石器时代的贵州文化

(一)观音洞文化和桐梓文化

观音洞文化是距今18万—24万年的旧石器时代早期文化,与北京猿人文化的时间大体相同。观音洞文化发现于黔西县西南部30千米的沙井公社,是由我国著名考古学家裴文中教授带队发掘的,出土的文物有4000余件,以刮削器为主,占80%,其余为砍砸器、尖状器和哺乳动物牙齿化石。观音洞文化是我国长江以南最大的旧石器时代初期遗址。

桐梓文化也是旧石器时代初期文化,发现于桐梓县九坝公社岩灰洞。考古除了发现12件打制石器和25种动物化石外,还有人类牙齿化石7枚,其中包括了老人门齿和青年人臼齿。出土的打制石器以刮削器为主,另外还有石核,石器加工粗糙。动物化石中灭绝种占

25%。桐梓岩灰洞遗址人类化石的发现价值重大,是贵州古人类研究的重要依据。岩灰洞遗址还出土了多件人工用火所致的烧骨,是我国华南地区目前发现最早的人工用火痕迹。

(二)水城文化和大洞文化

水城的消灰洞文化是旧石器时代中期文化,发现于水城西北25千米的水城发电厂,考古发现有打制石器53件,哺乳动物化石5种,人牙化石1枚。人牙化石属早期智人,打制石器打击点粗大,没有台面,制作粗糙。消灰洞遗址还发现了用火痕迹,这可能是华南地区古人类最早用火的重要标本之一。

盘县大洞文化也属旧石器时代中期文化,与水城消灰洞文化属同一时期。遗址超过8000平方米,属国内外罕见规模,是全国重点文物保护单位。遗址共出土了2000多件石器,4件人牙化石,万余件动物化石。在此阶段,贵州原始人类正在从血缘家族过渡到母系氏族社会。

(三)猫猫洞文化和穿洞文化

兴义猫猫洞文化是旧石器时代晚期文化,发现于兴义东北的顶效公社。遗址共出土了400多件石器,哺乳动物化石9种,人类化石7件,分别为老年、青年、孩童三个年龄段。石器中刮削器最多,骨器、角器是猫猫洞文化的新发现,制作精美。猫猫洞遗址出土的石器种类十分丰富,数量比较庞大,属国内罕见,在华南地区旧石器时代晚期遗址中首屈一指。

普定穿洞文化也属于旧石器时代晚期文化,发现于普定西部的新寨孤山。遗址出土了骨器、打制石器、哺乳动物化石和人类化石等2000余种,其中石器数量多达近万件。遗址还发现了古人类用火的遗迹。在旧石器时代晚期,贵州原始人类是母系氏族公社的社会组织形式。

二、新石器时代的贵州文化

平坝飞虎山文化是贵州新石器时代文化的主要代表。遗址位于平坝南部9公里的平庄飞虎山,遗址包含不同规模溶洞17个,是新石器和旧石器共存的遗址,共出土打制石器和磨光石器500余件,陶片1000多件,哺乳动物化石10余种,有用火遗迹。磨光石器是新石器时代文化的重要代表,是"锄耕农业"出现的有力证据,飞虎山遗迹发掘的磨光石器有斧、箭等,还有骨铲、骨锥和陶片,其中出土的乳黄色彩陶片是贵州原始社会考古的首例,有重要意义。新石器时代以后,贵州古代人类出现定居生活的迹象,原始农业和畜牧业开始发展,母系氏族公社进入稳定和繁荣阶段。

大量文物的发掘证明,贵州高原这片土地上,早在20万—30万年前就有了丰富的古代文化,这些古代文化是中华传统文化的有机组成部分。

第二节　贵州奴隶社会文化

一、夜郎文化

《史记·西南夷列传》中有如下记载:"西南夷君长以什数,夜郎最大。"从战国到秦汉时期,在西南地区存在一个规模较大的少数民族群团。夜郎文化是确实存在于历史上的文化,虽然早已消亡,但至今仍影响着外界对贵州文化的认知。"夜郎自大"这一成语实则是后人对"夜郎最大"的更改,可谓是"差之毫厘,失之千里"。"夜郎自大"一词是用来形容人盲目自大、坐井观天的心理,而实际上,类似的历史记载是在《史记》中:"滇王与汉使者言曰:'汉孰与我大?'及夜郎侯亦然。以道不通故,各自以一州王,不知汉之广大。"可见,是滇王首先提出"汉孰与我大?"的言论。不过无论是谁首先提出,都反映了西南少数民族因受地形局限与外界交往甚少,导致了妄自尊大的心态的现实。当时偏远、闭塞、落后的西南少数民族群团虽然无法与大汉帝国相提并论,但从中华传统文化的多元性来考虑的话,就会意识到"西南夷"是总体文化的有机组成部分,而夜郎文化是西南少数民族文化的重要代表,学习夜郎文化是了解贵州地域文化历史面貌的重要环节。

(一)夜郎的时限

夜郎在历史上存在时限,可以分为广义上的夜郎时限和狭义上的夜郎时限。广义上来说,古夜郎是古牂牁的继承,那么古夜郎在春秋战国时期便存在于西南地区,在时限上则可以追溯到公元前651年周襄王元年。如果将夜郎理解为以夜郎邑为中心的夜郎国的话,夜郎的时间上限则被认为是公元前279年,大约为楚顷王二十年。夜郎国的下限是明确的,在公元前27年,汉成帝河平二年,夜郎王被汉使陈立所灭,之后,夜郎成为地名,在夜郎国影响尚存的地方沿袭使用,如桐梓县的夜郎坝,就是唐朝设立的珍州夜郎郡夜郎县故地。夜郎文化究竟始于何时,目前尚无从考证,只能从《史记·西南夷列传》《华阳国志·南中志》《汉书·西南夷列传》等各种史料书籍中得知,在战国末期,楚国将士庄蹻入滇时就已经有夜郎的存在。

(二)夜郎的社会性质

夜郎的社会性质目前也是众说纷纭。有观点认为,夜郎主要是原始社会末期的军事民主制社会性质,因为考古发现了许多夜郎农村公社和军事民主制的遗迹;也有观点认为夜郎是奴隶制初期的社会性质,认为战国末年夜郎出现了早期奴隶制的特征,而在西汉时期进入了奴隶社会;还有观点认为夜郎是奴隶制晚期的社会性质,认为"西南夷"最大的国家应当是发达的奴隶制社会。总的来说,从历史社会发展过程来看,夜郎的社会性质应当是具有奴隶社会的典型特征的。

(三)夜郎的地理范围

夜郎的地理范围一直具有争议,学术研究界目前大致可以总结出三种观点:第一种观点认为包括了汉代犍为郡、牂牁郡、武陵郡及三郡周边的区域。第二种观点认为夜郎包括战国时期的贵州省、四川省、云南省和广西壮族自治区部分区域,为贵州西北部和西部、四川省南部、云南省东北部和东部以及广西壮族自治区西北部;在西汉时夜郎的范围转变为犍为郡(五个县)、牂牁郡(八个县)和益州郡(一个县)。第三种观点认为夜郎在最繁盛的时候包括了贵州全省,还包括了贵州北边的四川南部、贵州西边的云南东北部、贵州南边的广西北部和云南部分地区。

一方面,不论是哪种观点,都证实了夜郎文化的地理范围为贵州偏西的大部分区域以及云南东北部、广西西北部和四川省部分区域,并不局限于贵州省境内,更不能将夜郎与贵州等同。另一方面,夜郎文化的主体部分确实主要分布在贵州省境内,因为夜郎文化的核心地区牂牁郡就位于贵州境内,而当初平定夜郎时留下的汉墓遗迹也主要分布在贵州境内。

从夜郎文化分布的地理范围来看,夜郎文化存在多民族融合的客观历史事实,夜郎应当是一个多民族融合的族群实体,并不是一个单一民族。

(四)夜郎的经济生产特征

据《史记·西南夷列传》记载,夜郎地区有稳定的农业发展和聚居形态,主要耕种水田,这与"赶山吃饭"和"刀耕火种"的生产、生活方式有巨大区别。而在各地发掘的夜郎时期墓葬群中,也发现了碳化的稻谷堆积物,有完整的谷粒,这是夜郎人民耕种水田的有力证据。同时,夜郎还饲养家畜、家禽,在普安铜鼓山和威宁中水墓葬群中就发掘了牛、马、羊、猪、狗等的骨骼,证实了当时夜郎的人们已经具有定居的条件并形成了聚落。

(五)夜郎文化的特征

在厘清夜郎的时限、社会性质和地理范围后,不难发现贵州西部大部分地区夜郎故土上出土的春秋至汉代的文物遗迹,都跟夜郎文化有一定联系。这里所指的夜郎文化,是与中原文化相异的,贵州土生土长的地方民族文化。

普安铜鼓山遗址是约西周至西汉的遗迹,在夜郎地域范围之内。遗址出土了陶器643件、石器293件、铜器45件、骨角器28件、铁器17件,一系列器物的出土,说明这个遗址经历了从新石器时代到金属器时代的过渡过程。另外,遗址内还发掘出45件作为生产工具的石模、石范,有刀范、剑范、戈范等,同时出土的还有铜条、铜渣若干,说明当时已经有成熟的铸造铜器的技术。发掘出的青铜器与中原的形制截然不同,说明这些铜器具有明显的夜郎文化特征,而这些铜器的特征与云南宣威出土的文物形制如出一辙。

赫章可乐墓葬群发掘的28座不规则土坑墓是夜郎文化的重要物料。土坑墓的时代为战国晚期到西汉,不同于汉墓规模小、无墓道、无封土、长方形墓室的竖穴土坑,其具有当时少数民族的墓葬的特点。墓中没有棺木,而是在墓坑两头倒置釜口相对的铁釜、铜釜各一个,死者的头放置于釜中,显示出鲜明的地域特征。

另外,在威宁中水还发掘有28座不规则土坑墓,从墓葬形式和墓的形状上判断,与汉墓有鲜明差别,被认为是少数民族墓葬群。在墓中发掘出一系列瓶、罐等器物,刻有特殊符号16种,牛头形铜带钩和铜手镯,以及蛇头茎首铜剑与云南出土的器物十分相似。

贵州西部各处墓葬遗迹的发掘是研究夜郎文化的重要依据,墓穴遗址既有西周至西汉的,又有战国至西汉的,属于夜郎文化极盛的时期。并且,贵州西部出土器物与云南东部地区出土的器物十分相似,也说明今天的贵州西部和云南东部在当时应当同属于夜郎族群范围。

二、青铜文化

1958年后,贵州出土了大量铜器,其中以铜鼓最具代表。发掘的铜鼓不仅有几何图案装饰,还有动物图案(如牛、马等)和船形纹饰。这样的铜鼓特征在今天的西南地区少数民族中依然沿用着。苗族、侗族、壮族的重要节庆中,铜鼓仍然是重要的精神象征,在苗族、侗族等少数民族村落中,最大的公共活动空间常常被命名为"铜鼓坪"。铜鼓作为一种西南地区少数民族所特有的打击乐器和精神象征,在云南、贵州、广西、四川各处均有发现。

铜鼓在贵州高原上是具有灿烂光芒的文化遗产,传承了千百余年,已经贯穿在贵州许多少数民族的社会生活中。早期的铜鼓用作饮具,具有釜的特征,还用作葬具,之后发展成为祭具和礼器,然后才演变成为乐器。铜鼓不仅用作歌舞伴奏,还发挥着召集民众、报警、传达号令、指挥作战等功能。铜鼓文化是贵州各族人民文化融合的见证,也是各族人民共有的文化财富。

除铜鼓外,贵州兴义万屯发掘的东汉墓中出土的铜马车也是贵州青铜文化的重要代表。铜马车外形壮观,但形象呆板,腿脚长度比例失真。马车结构复杂,有上百件构件,且规格形制各异,没有一钉一铆是抽象的,没有一辁一辐是模拟的,丝丝入扣、结构牢固,反映了夜郎文化当时超高的工艺水平。

三、诗歌文学

奴隶社会时期,贵州的诗歌文学已经取得了相当程度的发展,在文献记载中有三名学者对贵州诗歌文学做出了重要贡献,他们分别为舍人、盛览和尹珍。舍人被视为贵州古代文学的先驱,在汉武帝时期曾担任犍为郡文学卒史,其所著的《尔雅注》三卷(已失传)对当时贵州文学发展有重大意义。盛览是西汉时期的牂柯郡人,被视为贵州古代诗歌文学的开山鼻祖。在汉武帝派当时的辞赋家中郎将司马相如出使西南夷时,盛览跟随司马相如勤学,利用所习得的作辞赋的学问撰写出了闻名遐迩的《列锦赋》和《合组歌》等作品。盛览一直致力于在家乡传播诗歌文学,一生都在家乡从事教学。尹珍是东汉时期著名的书法家和学者,官至荆州刺史和尚书丞郎。他年轻时从贵州远赴中原地区拜经学大师许慎为师,潜心钻研"五经",造诣高深,与他的老师许慎都是当时的知名学者。尹珍学成之后从事教育,致力于家乡文化交流传播,在贵州四处讲学,留下不少宝贵遗迹。在正安县新洲区至今仍保留着尹珍讲学遗址"务本堂",贵阳市扶风山还修有尹道珍祠,用来歌颂和纪念这位书法家、经学家和教育家。

第三节 贵州封建社会文化

一、土司制度

(一)土司制度的特点

土司制度源于汉晋的"土官土吏"制度,同时也是唐宋时期"羁縻州县"制度的进一步发展,是封建王朝为了便于统治少数民族而制定的一种特殊制度。所谓土司制度,其实就是"蛮夷官制",是指封建王朝通过委任地方少数民族首领担任宣慰使、安抚使和招讨使等土官和土司,达成地方首领统治地方的效果,有别于中央委派官员,土司制度更利于少数民族地区实现较大程度的自治。土司制度下的土官虽然能在自己管辖范围内世袭职位,但也必须承担向中央政府贡赋、出兵助战、徭役等义务。土司的职位虽是世袭,但在袭职时必须远赴京城受职,并且土司在军事上的权利受中央严格控制,直接受都指挥使司所监管,如发现任何不法行为则可将土司撤换。土司制度在封建社会的兴起和发展在历史上具有必然性,因为土司制度的推行极力地把各民族纳入封建王朝的统一管制中,是"普天之下,莫非王土;率土之滨,莫非王臣"大统一思想的体现。

土司制度之所以在西南地区被普遍推行,是因为西南地区是少数民族聚居地,少数民族众多,各部落首领通过世代的管理已经积累了较强的威信,通过部落首领对少数民族进行约束更具实效。土司制度能保存各民族的社会制度,包容各民族多样的社会组织,在西南少数民族地区具有极大的适应性。

在元代贵州是云南、四川、湖广多省的交会之处,是土司密集之处,共设立大小土司三百多处。明代继续推行土司制度,对元代设立的土司体系进行归并整合,在贵州共设立六大司,分别为贵州宣慰司、播州宣慰司、思州宣慰司、思南宣慰司、百余长官司和蛮夷长官司,其中以贵州、播州、思州、思南四处的宣慰司势力最大,被称为"四大土司"。

(二)改土归流

明朝为了更严密地控制土司,防止土司叛乱,在土司区域设立了卫所,形成土司与卫所相间布置的格局,以便于寻找合适的机会进行"改土归流"。所谓"改土",是指将各族首领所担任的土官、土司改为中央选派的行政官员;而"归流"则是指少数民族官吏不再世袭职位,少数民族地区官吏的任免、升迁和调遣统统归至中央统筹决定;在军事上,土司不再持有兵权,中央派政府军驻扎到土司地区。在贵州改土归流的过程中,当时的中央政府在贵州省内设置了大量屯堡和营讯,以镇压土司起义和叛乱。

明朝先后进行了三次大规模的改土归流,对土司制度造成了三次大规模的冲击,播州、思州、思南三大土司不复存在,不少小土司也纷纷改设为州、县。清朝进一步扩大了改土归流的范围,加强了中央对贵州地区的统治。

(三)土司制度和改土归流对贵州地域文化的影响

土司制度对贵州地域文化的影响主要有两个方面。一方面是促进了贵州多元文化的发展,为各族文化的长期兼容提供了社会土壤,保留了各民族不同历史时期的文化陈迹,形成了贵州丰富的"文化层",让各族文化繁荣共生;另一方面是保护了地方制度多样化,各土司地区依据其民族固有的社会组织和社会结构,形成适应自身的社会制度,这些制度文化与中原地区有鲜明的差异,与其他民族地区也有明显不同,贵州丰富多彩的地方制度文化是中国古代制度文化的有机组成部分。

虽然历代对贵州地区的改土归流并不彻底,但深刻影响了地方社会经济文化。首先,改土归流消解了各少数民族"拥地自立"的状态,打通了各民族之间相互交流的通道,从客观上促进了贵州社会经济向前发展。其次,改土归流消除了各地的分裂割据势力,贵州地区的水陆交通因此得到发展,水路可从贵州直达柳州、桂林,陆路从贵阳至云南、从安顺至平越(今福泉),总共修筑了800余里,直接带动了贵州经济的发展。再次,改土归流促进了贵州文化教育事业,中央政府鼓励贵州地区少数民族子弟进入学堂,学习中原儒家文化,并在少数民族地区大量修筑书院、学堂。最后,贵州的改土归流还免除了各族之间的军事冲突,消除了社会不安定因素,为贵州的经济发展创造了稳定的环境。

二、傩文化

(一)傩文化的起源

傩的起源可以追溯到远古时期的原始宗教,傩祭是来自巫师的祭祀活动,而民间的傩文化以戏剧艺术的形式来呈现,即傩戏。傩戏正是源自傩祭。傩祭这种宗教仪式并非贵州地区所独有,而是全民性质的祭祀活动,在古代大江南北普遍流行。在我国长江、黄河、珠江流域以及西北、东北地区,都存在过傩文化[1]。在唐朝以后,傩祭增添了娱人的因素,并朝着戏剧和舞蹈方向演变,至元朝,傩戏诞生。但是随着历史的演进,傩文化在绝大部分地区几乎消失,而贵州因为

---

[1] 庹修明.贵州傩戏傩文化[J].文化遗产,2008(3):9.

封闭的地理环境,傩文化得以完整地保留下来。傩戏在贵州不但十分典型,而且比较集中。贵州傩文化被誉为"中国古文化的活化石""中国戏剧文化的活化石"和"中国原始文化的活化石"。

(二)贵州傩文化的特征

贵州的傩文化可以分为两个类型:一是以汉族、侗族、土家族、彝族、苗族和仡佬族等少数民族地区傩戏为代表的民间傩,这是傩戏的初级阶段,也是傩戏的雏形,典型代表为威宁彝族的傩戏和黔西北、黔东北、黔西南、黔北一带的傩戏群,而威宁彝族的傩戏就是傩祭向傩戏的初级过渡形态;另一类是军傩,这是傩戏发展到较高层次的表现形式,以安顺地戏为典型代表。

威宁的裸嘎村,虽然规模小,仅有50户人家,但是至今仍然保留着一套完整的傩祭仪式,每年的正月初三到正月十五,全寨的人便会举行祭火仪式,以"撮泰吉"的形式完成,"撮泰吉"是彝族语言,也被翻译为"变人戏",是一年一度的大型祭祀活动,包含了祖先祭祀、耕作、喜庆、扫寨一整套的仪式,其中也包含了娱人的表演活动,如驱邪纳吉相关内容的诵读、历史故事的演绎和歌舞表演等。

黔北至黔西南一带的傩戏群名目繁多,仅戏名就有多种叫法,黔东北把傩戏称为"傩堂戏",黔西北称为"端公戏",黔西南叫"庆坛"、黔北称为"冲傩戏",而黔南又叫"阳戏",岑巩称作"喜傩神",苗族则叫"还愿戏",苗语为"确奴"。这其中,以铜仁、德江、岑巩的傩戏最有名。铜仁地区是我国傩文化最密集的区域,至今还保留着480余个傩戏班子,有5000余名民间傩戏艺人,并于1991年成立了我国首个"傩文化博物馆"。德江和岑巩的傩戏是黔北最具代表性的傩戏群,每个县都有数以百计的傩戏艺人。

安顺地戏是傩戏的一个分支,流行于安顺、平坝、清镇、镇宁、兴义、郎岱、长顺等二十多个市县。安顺是地戏的活动中心,全贵州省有地戏堂300多处,安顺就占了125处。安顺地戏在春节期间称为

"跳新春",会持续演出20天左右,与纳吉、驱疫等仪式一并举行。地戏的演出者都是农民,演出装备也是农民自备,正戏只有武戏。武打是地戏的灵魂,演员都要戴上面具,面具神态生动,根据《地戏谱》提供的信息和民间传说雕刻而成。傩文化原本的主体是中原文化,在明代,傩戏在军队中盛行,是以祭祀、操练、娱乐为一体的军傩,随着南征的军事移民进入贵州,与贵州地方民俗融合,最终形成安顺地戏的形态。

傩戏是傩文化的文化载体,从宗教文化的土壤中孕育而出,自傩祭演化而来。贵州各地的傩戏明显受到多元文化和思想的影响,尤其受道教、少数民族文化影响较深,部分地区的傩戏会悬挂道教的三清图和佛教的金刚、罗汉、菩萨等画像。可以说,傩戏是地方化、生活化、艺术化的宗教仪式。

(三)贵州傩文化的传承

从某种程度上说,巫师是傩戏的传承者。巫师的传承一般有家传和外传两种,巫师在古代具有神圣地位。但随着市场经济的推进和科学技术的发展,贵州落后地区的人们受经济利益的驱使,纷纷前往经济发达地区谋生和发展,因此远离家乡,更远离了傩戏,傩戏因此后继无人。

三、官学与书院文化

(一)学校教育

教育是文化的重要内容,教育关系着人才的培养,影响着社会文化发展。贵州的教育发展较晚,在明代以前,贵州地区罕有学校,少数民族地区的教育主要依靠家庭教育和社会教育,通过生产、生活实践和社会活动习得生产技术、传统文化、宗教信仰和道德情操。尽管东汉时期尹珍在贵州地区广泛讲学,但学校教育的记载是在宋代后才开始出现。宋代播州(今遵义)地区土官杨氏颇为重视教育,鼓励子弟多读书,修建了学校、孔庙等,在思州地区(今沿河),修建了鸾塘书院。到了元代,因中央政府提倡儒学,便在各处修建学校,但贵州地处偏远,仅在顺元(今贵阳)、普定(今安顺)和播州地区设立了学院,较中原地区的学校教育落后了许多。到了明代,贵州地区兴起儒学教育,各地设立了一批卫学、司学、府州县学、书院等学校,同时开科取士,使贵州教育有了长足发展。清代,贵州进一步扩大了官学、书院、私塾等学校的数量。此处重点介绍贵州的官学文化和书院文化。

(二)官学文化

官学是指由政府委派的学官直接管理的学校,省一级的官学设提学副使,府一级的官学设教授,州一级的官学设学正,县一级的官学则设教谕。这些官职都是官学的行政长官,也就是师长。在明代,只有经过官学才能参加科考,考生需先经过考试获得"秀才"的资格,才能开始进学,成为县学、州学或者府学的生员。贵州原本教育基础就很薄弱,直到嘉靖年间才设提学副使,各级官学设置较晚,并且数量较少,故官学水平落后于其他各省。另一方面,由于贵州是重要的军事据点,中央政府前后在贵州地区设置了近30个卫所,卫所的军事移民多来自中原、川陕和江南,崇尚儒家文化,因此,儒学教育在卫所地区最先发展起来,称之为卫学,是官学中比重较大的种类。再者,贵州地区是土司聚集的区域,各土司也会以司学的形式设立官学,成为贵州地方特色鲜明的官学类型。

清代的官学主要沿袭明代的官学制度,并进行了发展和改革。其一,由于战乱,贵州许多学校被毁,清朝廷特批准在贵州三州九县设立官学,三州分别为麻哈、独山和永宁,九县分别为铜仁、都匀、普定、镇远、贵筑、平越、龙泉、永从、安化。其二,由于清朝裁卫改县的一系列举措,贵州在明代所设的卫学到了清代一律改为县学。其三,由于清朝廷有削弱土司的政策,故贵州原设立的司学一律取消。在清代,全贵州省共有官学69所。而明清两代,学校教育都与科举并为一途。

(三)书院文化

书院是有别于官学的教育类型,它是著书立说、授业讲课、出版图书、举办学术交流活动的场所。书院一般由山长主持,讲授的内容十分广泛和自由,学术氛围浓厚,会聘请知名学者讲学。在学院里听学的人也并非都是要参加科举之人,有许多是未"进学"的童生。贵州早在唐宋时期就有书院文化,如南宋时期沿河的鸾塘书院。

在明弘治以后,贵州书院文化兴起。当时贵州初设提学副使,教育事业得到有力发展,在贵阳创办了文明书院,铜仁则有铜江书院。正德年间,被贬官至贵州的王阳明创办了龙岗书院,推动了贵州书院文化的发展,仅嘉靖、万历百余年间,贵州省便创办了20余所书院,其中以贵阳和思南府最密集,贵阳阳明书院、正学书院、文明书院最负盛名,思南府则有大中书院、为仁书院和斗坤书院振兴教育。清代书院较明代有显著变化,书院与官学被逐渐归为一途,书院在体制上演变为官学的一部分,成为官学的授课场所。

四、阳明文化

明代正德三年,王阳明被贬官至贵州龙场,"龙场悟道"奠定了王阳明心学的基础和体系,是儒家学说的一重大发展,王阳明的心学是可以与朱熹的理学相提并论的中国重要哲学思想。阳明心学对中国思想文化的发展有极其重要的影响,在明清之际,产生了一大批王学弟子,将心学带到全国各地,甚至远播海外传入东瀛,在日本明治维新中起到推动作用。在国内,康有为、梁启超、谭嗣同等人都极力推崇阳明心学。

王阳明虽生于浙江余姚,但成道于贵州,贵州可以说是阳明心学的始发地,更被誉为"王学圣地"。王阳明在龙场得道,于龙岗书院、文明书院传道,让王学传播至大江南北。阳明心学继承了中国传统的"天人合一"思想,将"天理"与"良心"相联通,把世间万物视为一体,将客观的"理"融入主观的"心",得到"心即理也,天下又有心外之事,心外之理乎"的道理,进而创立了"知行合一"的学说。"知之真切笃实处即是行,行之明觉精察处即是知",阳明心学认为,知与行是不可分割的,只有切实去行动,才能在实践中领会真知,同样,也只有深化认识,才可能行得是、做得好。王阳明的"知行合一"学说至今仍广泛影响着中国的教育理念。

王阳明在贵州创立了龙岗书院,传播王学,后来又被邀请至贵阳文明书院讲学,正如《阳明祠碑记》中所道:"阳明之学,言于天下,由贵阳始"。第一批王学弟子是在贵州,而著名的《龙场生问答》《教条示龙场诸生》都写于贵州。

五、沙滩文化

沙滩文化是在清朝后期,出现于黔北地区的地域性学术文化,学术成果丰硕,对社会造成了广泛影响。沙滩位于今遵义县新舟镇的乐安江岸,拥有秀美的山水和优越的自然环境,为沙滩文化的孕育提供了良好的环境。沙滩文化有三位代表人物:郑珍、莫友芝和黎庶昌,而沙滩文化的奠基人就是黎氏家族。

黎氏自黎庶昌的祖父黎安理起,开始逐渐闻名,黎氏数代的文学与学术造诣,推动了沙滩文化在海内外的影响力。黎安理29岁中举,58岁才被任命成永从县儒学训导,61岁升迁为山东长山县知县,其子黎恺、黎恂都有很高的文学造诣。黎恂让沙滩文化走向成熟,在英国《大百科全书》中就有对黎恂的记载,黎恂在29岁时就高中进士,并被任命为浙江桐乡县知县,后称病居家14年,开馆为乡邻、族人讲学,郑珍和莫友芝都出自其门下,而黎庶昌正是黎恂之子。黎恂辞官后购买了大量古籍带回沙滩,据说当时贵阳学古书院藏书最多,有藏书数千卷,而黎氏的藏书已多达7万—8万卷。

郑珍与黎庶昌是堂兄弟,原居住于遵义西乡,14岁时迁至沙滩附近居住,并跟随大舅黎恂学习。郑珍勤学好问,记忆力非凡,仅几年便读遍黎氏藏书。他在20岁时被选为拔贡,后受湖南提学使赏识招入幕中讲授汉学。郑珍回到遵义后,拜于府学教授莫与俦门下,与莫与俦的第五子莫友芝成为挚友。郑珍的文字学和史学的成就都颇高,文字学著作有《说文新附考》《说文逸字》等,《说文新附考》是对东汉经学大师所著的《说文》的详细、准确考证,是后人学习经学的重要范本,史学著作有《遵义府志》《荔波县志稿》《郑学录》等。此外,郑珍还有经学和文学方面的成就,经学的著作有《经说》《仪礼私笺》等,文学以诗词成就最高,有诗900首存于《巢经巢诗钞》及其后集15卷中,在晚清十分受推崇。郑珍被誉为"西南巨儒""汉学大师"。

莫友芝是贵州独山人,与郑珍齐名被称为"黔中二杰",与黎庶昌也是至交好友,晚年时受曾国藩赏识,与黎庶昌一起同为曾国藩幕僚。莫友芝在声韵训诂和版本目录方面的成就极高,著有《韵学源流》《宋元旧书经服录》《邵亭知见传本目录》等学术价值极高的著作。另外,在文学和史学方面也颇有成就,著有《邵亭遗文》《影山词》《邵亭诗钞》《遵义府志》等。

黎庶昌是著名的散文家和外交家,因给皇帝上书,受赏识获得知县的官职,在曾国藩大营做事,经历了十多年的游宦生涯,在40岁时远赴英国、法国等国家任使馆参赞,并前后两次赴日本任驻日公使。黎庶昌是清朝出类拔萃的外交官,在外交过程中不卑不亢,拒绝任何丧权辱国的事。在驻日期间,他专门刻印了已经在国内失传的《古逸丛书》,为国内学术研究做出了巨大贡献。黎庶昌根据他的留洋经历撰写了《西洋杂志》,介绍了西欧各国的民俗风情和政教实况,引发国内对中华振兴和发展的思考。黎庶昌钟爱散文,曾拜郑珍和莫友芝为师,行文深受郑珍影响,流畅自如,不受"义法"约束,风格独树一帜。总之,黎庶昌不仅是一名出色的外交官,还是渊博的思想家和文学家。

第四节　贵州近代社会文化

鸦片战争改变了中国的社会性质,中国进入半殖民地半封建社会。贵州交通闭塞、发展落后,半殖民地半封建化的进程相对沿海地区和中原地区要缓慢得多,商品经济和工业发展都要滞后几十年。

一、商品文化的转变

商品文化是指商品在生产和交换的过程中凝结在商品中和劳务中的人文价值。在19世纪50—70年代,外国商品开始进入贵州,贵州地区主要是通过三条路线输入外国商品:一是主要运输法国货物的云南线;二是主要运输英国货物的广西线;三是主要运输日本货物的湖南线。外国商品输入贵州的同时,贵州的原材料和土特产也被低价掠夺。贵州地区的外国商品主要是轻工业产品,包括洋纱、洋布、日化用品、火柴等,光是安顺每年输入的洋纱就多达120万—160万磅。而在19世纪末,英法公司在贵州大量开矿,用低廉的价格掠夺了大量朱砂、水银和锑矿。

随着商品经济的发展,贵州地区的农村自然经济逐渐解体,商品文化也开始发生转变。外国商品的输入直接导致了贵州地方手工业者的破产,尤其是洋纱、洋布进入市场后,原本男耕女织的小农经济被削弱。首先是传统的纺织文化崩裂,纺纱人被迫失业;其次是耕与织的分裂,织布作为农耕文化的有机组成部分被迫陷入绝境。有史料记载:"自洋布输入,其成本较轻,人多乐用,邑中女红之利尽为所夺。""从事斯业之妇女失业者日益增多"。值得注意的是,原本凝结在传统纺织产品中和劳务中的人文价值也因洋纱洋布的输入而消失,对贵州的本土商品文化造成巨大冲击。

二、工业文化的发展

随着国外资本主义对贵州商品市场的冲击和贵州自然经济的解

体,大量劳动力被释放。同时,一部分地方绅士、商人和官僚地主思想觉醒,开始通过兴办企业把部分货币财富转化为产业资本,贵州地区出现了较大的工场手工业和近代企业,主要类型有:官办企业、官商合办企业、官督商办企业和民办企业。

18世纪末筹办的"青溪铁厂"是贵州官办企业的代表,原本青溪铁厂准备办成官督商办企业,但是招商征股受挫,最后贵州巡抚潘霨只得通过挪用公款和借贷洋款垫资筹建,因此,青溪铁厂实际是官股为主的官商合办企业。由于缺乏经验和交通成本巨大,再加上贪官污吏从中捞利,铁厂最终运行失败。青溪铁厂不仅没有给贵州民族工业带来发展,如资金积累、技术力量培养等,反而抑制了贵州民族工业资本的发展,滞缓了贵州工业化进程,当时商人们往往谈"厂"色变。

直到20世纪初,贵州才有了真正意义上的近代化企业,是华之鸿创办的"永丰造纸厂"和"贵阳文通书局",当时企业拥有工人100多人,对贵州文化教育事业起到了积极的推动作用。1911年,刘少樵创办的"贵阳皮革有限公司"也带动了贵州工业文化的进程。

三、文化教育

虽然近代贵州地区的文化教育发展缓慢,但近代教育制度逐步形成,1912年,国民政府将学部更名为教育部,学历改用公历,学堂也统一改为学校。除了小学教育和中学教育有所发展,学生人数和经费逐步增加,高等教育也发展起来了。虽然军阀统治时期贵州仅有贵州大学和法政专科学校两所高等学校,但贵州的游学之风兴起,在1905年官派和自费的留学生数量就有151人之多。

近代贵州地区的史学、新闻出版、诗歌、戏曲等文化都有所进步。史学方面有《贵州陆军史述要》《黔人请愿书》《都匀县志稿》《水城县志稿》《平坝县志》《大定县志》等。新闻出版方面,随着贵州《黔报》在1907年诞生,《西南日报》《贵州公报》等报刊也陆续创办起来。另外,贵阳文通书局前后印刷了 80 多种图书和大批读物,包括《巢经巢诗钞》《黔南丛书》《平黔纪略》等。近代的贵州还涌现出一批革命志士的诗篇,如《闻祖国光复》《寿守瑜百九绝》《书怀》等。在戏曲方面,京剧、川剧等民间艺术在近代传入贵州,而贵州的文琴剧、皮黄、梆子等也深受大众青睐。

1937 年,国民党政府南迁,贵州成为大后方,引来一批优质的学校、文化、科学、医疗等方面的机关、机构,大力推动了贵州的文化教育事业。1937—1945 年,贵州共建了 8 所高校,迁入的大学就有五所,包括:上海私立大夏大学、国立浙江大学、国立交通大学唐山工学院、国立湘雅医学院、陆军大学,另外还有三所贵州本地的大学,分别为:国立贵阳医学院、国立贵州大学和国立贵阳师范学院。

本章小结

本章从原始社会、奴隶社会、封建社会和近代社会四个历史阶段对贵州地域文化展开了系统介绍。

贵州的原始文化可以分为旧石器时代文化和新时期时代文化。旧石器时代文化的代表有早期的观音洞文化和桐梓文化;中期的水城文化和大洞文化;晚期的猫猫洞文化和穿洞文化。新石器时代文化则以平坝飞虎山文化为典型代表。

在奴隶社会阶段,贵州地区的夜郎文化具有鲜明特征,是西南地区少数民族文化的代表,本章从夜郎文化的时限、夜郎文化的社会性质、夜郎文化的地理范围、夜郎文化的经济生产特征和文化特征五个方面对夜郎文化进行了解析。青铜文化也是贵州地区在奴隶社会时期的重要文化类型,以铜鼓文化和铜马车文化为重要代表。另外,在奴隶社会时期,贵州的诗歌文学也得到了重大发展,以舍人、盛览和尹珍的诗歌文学成就最高。

在封建社会阶段,土司制度对贵州地域文化的发展起到了重要作用,本章从土司制度的特点、改土归流、土司制度和改土归流对贵州地域文化的影响三个方面展开解读。傩文化也是贵州在封建社会时期地域文化的一朵奇葩，至今都有较完整的保留，本章从傩文化的起源、贵州傩文化的特点和贵州傩文化的传承三个方面进行了介绍。贵州封建社会时期的文化教育有了重大进步，以官学和书院文化最具代表。另外，贵州作为阳明文化的起源地，被誉为"王学圣地"。沙滩文化是清朝后期贵州地域学术文化的代表，主要代表人物为郑珍、莫友芝和黎庶昌。

本章还介绍了贵州近代时期的商品文化转变、工业文化发展和文化教育情况。由于社会性质的转变，导致了贵州地区商品文化转变，西方商品文化的强势入驻削弱了贵州传统手工业文化。贵州近代的工业文化虽较滞后，但也有较大发展，以"永丰造纸厂"和"贵阳文通书局"为典型代表。贵州近代的文化教育有了很大的进步，小学和中学教育逐年发展，多所优质大学迁入，直接带动了贵州高等教育事业进步。

思考与讨论

贵州历史上的多样文化对当代贵州的社会、经济、文化发展产生了哪些影响？

推荐阅读书目

[1] 申满秀.贵州历史与文化[M].成都:西南交通大学出版社,2015.

[2] 马骏骐.贵州文化六百年[M].贵阳:贵州人民出版社,2014.

[3] 范同寿.贵州历史笔记[M].贵阳:贵州人民出版社,2008.

第四章

贵州山水文化

大自然之美,以山水之美为首。自古以来,自然山水被视为人类的物质家园和精神家园,人们或依山傍水结庐而居,或登山临水观花木赏鸟鱼,或吟山唱水明志向舒胸怀。

自然山水早已不仅是风景之美和物质之源,更是天、地、人三者统一的情感表达。"中华之大,无山不美,无水不秀",贵州山水美得独具特色、别具一格。

贵州有句俗语"九山半水半分田",这足以说明贵州作为山区城市的地理特征,贵州的城市都分布在山间的坝子里、盆地里、山坡上,形成了独具特征的山中有城、城中有山的城市空间形态。贵州全省的市县城区几乎都有地表水网,与山势结合,为形成贵州城市山水文化提供了自然条件。贵州城市的山水格局十分多样,按照山地类型分类则有山地河谷型山地城市、山坡型山地城市和坝区型山地城市;按照水系形态来分,又可分为水含于城型城市、水浸于城型城市和水傍于城型城市。贵州的山水文化是贵州人与山水良好关系的体现,是贵州地域文化的鲜明特征。

第一节 山水与贵州精神

山水文化是指:"人们以自然山水为素材而创造出来的一切物质

文明和精神文明成果,有着丰富的表现形式、内容和特征。"❶

贵州山水精神则是指贵州山水文化中所展现出来的贵州人从自然山水中寻求生命意义和寄托,以及审美情趣和艺术灵感的本源,体现了贵州地区天、地、人三位一体的和谐关系。贵州山水文化精神有着十分丰富和深邃的内涵,总的来说,主要表现为三种精神:崇拜自然、崇拜神灵和攻坚克难精神。

一、崇拜自然

(一)山崇拜

山的庄严感和威慑性往往能唤起人们的崇拜之情。自古以来,中国民间都有山岳崇拜,将山岳视为神圣之地。山中潜藏着不可预知的危机,极富神秘感,所以,山岳也被赋予了"不同于人间"的精神内涵。佛教、道教都常将山岳作为重要要素来构思宇宙万物的关系,佛教有五大名山,分别对应五大菩萨的道场,包括山西五台山、四川峨眉山,浙江普陀山,安徽九华山,浙江雪窦山,贵州梵净山,对应着文殊菩萨、普贤菩萨、观音菩萨、地藏菩萨和弥勒佛的道场。位于贵州贵阳铜鼓山的仙人洞道观和贵州黔东南施秉县云台山的云台山道院也是全国闻名的道家名山。可见,人们对山岳的崇拜与宗教也有着密切关系。

由于山岳是人们获得生活资料的重要场所,在贵州地区,人们很早就有了祭祀山岳的习俗,认为山岳能产生万物,是生命之源。贵州黔东南雷山县的雷公山是贵州苗族的圣山,早在数百年前,在《贵州通志·古迹志》中就有对雷公山的记载:"雷公山深在苗疆,为台拱(台江)、清江、丹江(丹寨)、麻哈(麻江)、凯里、古州、八寨交界之地……叠峰重峦,皆是山支,林木幽深,霾翁雾郁,水寒土软,人迹罕至,即昔称牛皮箐也。"当地的苗族民众将雷公山称作"阿勒",意为茫茫无际的

---

❶ 蒋秀碧.论我国山水文化与山水精神[J].青海社会科学,2007(5):4.

大坡,以表达对山岳的敬畏之情。同在黔东南地区的凯里香炉山也是苗族的圣山,有黔阳第一山之美誉,香炉山四面都是悬崖峭壁,形态犹如插满香火的大香炉。

(二) 水崇拜

水崇拜是自然崇拜的一种类型,在贵州地区也十分常见,可以分为宗教中的水崇拜、少数民族的水崇拜和酒文化中的水崇拜。

宗教中的水崇拜以道教水崇拜为典型代表,道教认为水有神秘的力量,水可生万物。因此,长久以来水崇拜都是道教的基本信仰之一。三元宫是贵阳道教三大道观之一,坐落于市西河畔,"三元"即指道教所祭的天、地、水。

彝族、苗族、侗族、壮族、布依族、土家族等少数民族神话中,水往往是关键要素,因此,贵州大部分少数民族都有水崇拜。每年农历六月十四是贵州黔东南从江县刚边壮族乡刚边村的传统节日"跳水节"。届时,十里八乡的壮族同胞会汇集在三百河河畔,举行祭祀、跳水选亲、对歌、划三板船、戏水表演等活动。贵州大方的彝族每年都有"彝家祭水节"祭祀大典,时间由当地毕摩(彝族的祭司)在农历二月初二的龙抬头到五月端午期间选择一个良辰吉日进行,祭祀仍然按照传承千年的古制进行,有取水、祭水、送水等环节,期间还有歌舞表演。贵州铜仁市德江县的"水龙节"是贵州省级非物质文化遗产,最初是"请龙求雨"的酬神仪式,仪式分为起水、祭祀、泼水互动三大环节,随着时代发展,现已转变为民间习俗。每逢农历六月初六,土家族儿女们就会舞动草龙,以水为礼,祝愿来年风调雨顺、五谷丰登。苗族的水鼓舞已有600多年历史,已入选贵州省非物质文化遗产代表名录,水鼓舞主要流传于贵州黔东南剑河县大稿午村,是一种以在水中跳舞的方式祭祀祖先并祈求风调雨顺、村寨平安的祭祀活动,被誉为民族原始舞蹈的"活化石"。水鼓舞的时间是在农历六月,是水稻打包灌浆的关键时节,祭祀活动长达17天。在每年农历六月的第一个卯日之后的第一个丑日举行"起鼓"仪式,这是水鼓舞的核心,全寨男女老幼身着衣裙,倒披蓑衣,脚踩棕靴,汇聚到村前的小河边。由祭师右手拿刀,左手提鸭,一边吟诵祭词,一边将鸭血洒向四周祭奠先人,同时众人焚香烧纸。煮肉祭祀后,众人便在河中踩鼓、拊水掷泥、喝酒吃肉,如此往复循环,直至酒酣人累、日沉西山才收场。在第二个丑日时(13天后),众人再到边坝中踩鼓,是时周围数十个村寨上万人都会着盛装前来踩鼓,3天后方散去。

"重阳佳节九月九,茅台镇里酿好酒。"贵州茅台镇素来有重阳祭水大典,习水河畔的茅台镇有得天独厚的自然资源,发展起全国闻名的酱香酒文化。每年重阳节的祭水大典,是倡导、引领中国酱香酒行业共同恪守传统、敬畏自然、感恩天地,传承古法、守护工匠精神的重要仪式。"九月九,下河挑水煮新酒。"重阳节是茅台酿酒人取水开酿的时节,这是当地千百年来恪守的酿酒时间节点,是极具符号性质的酒文化活动,目前已被列入非物质文化遗产。仪式一般分为两个部分:首先由仪仗队伍抬着祭品,奏着鼓乐,迎接取自赤水河河心之水,作为重阳下沙的第一坛润粮之水,开启酱香白酒的新一轮生产流程;然后由酱香酒传承人齐颂《酱香酒工艺传承誓言》,宣誓坚守老祖宗的珍贵技艺,仪式期间会有歌舞表演。

二、崇拜神灵

贵州山形奇特,山中有丰富而特殊的矿物质,自然条件复杂,景观多样,往往能引起人们对山岳的联想和遐想,将神秘的山岳与神灵联系起来,认为山中有神灵在守护、管理着山中的奇珍异宝。贵州还是山洪等自然灾害频发的区域,每当发生自然灾害时,人们会认为是山川之神在作祟,便会向山川之神祈求、祷告。贵州山多,在人类活动较频繁的山体内,往往能看到不同规模和类型的山神庙或土地山神庙。

水神是布依族、侗族、水族等少数民族敬仰的神灵,这往往与各民族的神话传说有关。贵州地区布依族儿女们在大年初一这天有重大的敬水神祭祀活动，他们认为大年初一的水是天上水神洒向人间的金水银水，用这天的水来喂牲畜，牲畜会又肥又壮；用来浇洒农具、谷仓，则能五谷丰登、风调雨顺。敬水神的祭祀活动是从除夕开始的，子时一过，布依族的人们便会鸣炮、鸣铜鼓，带上准备好的贡品、香烛、纸钱等，去河边或者井边祭拜、祷告，并取走来年的金银水，也称吉祥水、长命水、发财水。布依族敬水神的内容包括迎水神、敬水神和送水神。贵州侗族也有向水神献祭的仪式，时间也是岁首，侗族各寨各户带上香纸贡品在岸边、井边焚化祭拜，尔后才能下河取水回家，每年初春时，侗寨里的妇女们还会备好酒菜，在河边、井边向水神献祭，然后在河岸或者井边跳称为"多耶"的舞蹈，以感谢水神的庇佑。祭拜水族的水神活动被称作"敬霞节"，是水族盛大的传统节日之一，在三都、荔波、独山等县盛行。

三、攻坚克难精神

在剧烈的喀斯特作用下，贵州山高水险、坡陡谷深，生存与发展条件极其艰苦，但正是这样特殊的山水地貌凝结出了贵州人民攻坚克难的精神。

在贵州毕节市的生机镇，地处乌蒙山险峻之地，生活在那里的人们因为远离水源经常忍饥挨饿，在干旱时节，人畜饮水都很难保障，需要到远处去驮水。老一辈人为了改变这种状况，便自发在绝壁上修渠引水。虽然当时技术落后、工具简陋，但生机镇人靠着自己的双手和简单的工具，全凭敢想敢干的精神打通了绝壁水渠，这种迎难而上、坚毅果敢的精神正是贵州山水培育出来的贵州精神。

在20世纪60年代，国家在西部大规模开展"三线建设"。当时的贵州受地形的局限，交通不便、工业基础薄弱，但就是在国家的号召之下，数百万建设者投入贵州的建设中，工矿企业在大山深处拔地而起，这也是贵州精神的体现。

"世界桥梁看中国,中国桥梁看贵州。"贵州被誉为"世界桥梁博物馆"。在贵州这个没有平原的省份,为在陡险的山川之间争取发展空间,贵州仅用30余年时间,建成2.1万千米公路桥梁,涵盖了世界上几乎所有的桥型,创造了数十个"世界第一"的桥梁荣誉。世界上最高的100座桥梁中,贵州就占了46座。这背后凸显的正是贵州人面对困难时不畏艰险、不屈不挠、敢于创新、勇于拼搏的精神,蕴涵着贵州智慧和能量,也包含着贵州人对未来发展的无限期待。

第二节 山水与贵州审美

贵州遍布名山秀水、奇花异卉、飞瀑奇泉,这些绚烂的贵州山水都深刻影响着贵州人的审美。下面我们将从传统村落的生态审美、民族服饰的自然元素审美和民间艺术的审美三个方面来介绍。

一、传统村落的生态审美

传统村落是指"人们在生产生活过程中,与自然交互影响而形成的顺应自然,并遵循村落与自然环境的整体性、有机性、多样性原则的自然村落。"[1]贵州自然地理环境特殊,传统村落将生态与艺术融合,形成了独特的传统村落生态审美。传统村落自身的空间秩序和功能秩序与自然环境形成了相互作用的关系,形成了极具艺术的村落生态美学。

贵州传统村落的生态审美注重的是人与自然的整体关联性,这种生态美学既符合生态伦理,又符合自然规律,还符合人们生产生活习惯,这就要求具有生态审美的传统村落是多样的、有机的、开放的,同时还是融合统一的。可见,贵州地域传统村落生态审美是人居环境与自然山水的和谐耦合、共美共荣。

---

[1] 陈明春,赵平梅.贵州侗族传统村落生态审美研究[J].凯里学院学报,2020,38(5):5.

贵州传统村落生态审美的体现可以总结为三个方面：选址顺应山水之美、村落生存空间耦合之美、维护山水的参与之美。

(一)选址顺应山水之美

贵州传统村落的选址布局体现着人们的生态审美智慧。村落一般都依山就势、顺应自然，或背山面水坐落于山脚，或受山林庇护隐于山腰向阳面，或在山顶占据防御优势。山林的肥沃和丰富的山泉是村落生产生活的必要条件，山、水是贵州传统村落的有形自然资源和无形自然力量，山、水、民居共同构成了传统村落的家园意识，村落、山川、林地、溪河、田地等共同构建出了传统村落极具山水诗意的栖居环境。

(二)村落生存空间耦合之美

村落生存空间的耦合之美是村落中社会环境与自然环境之间的相互映照，反映出了自然与人相互合作，持续发展的耦合特征。贵州传统村落不论是建筑材质、功能还是建筑布局，都与自然环境形成耦合之美。在建筑材料和功能方面，以贵州侗族传统村落为例。侗族民居和公共建筑（鼓楼、风雨桥、戏台等）都是木质结构，建造所需的木材均采自村落周边的林木，侗族民居多是三排两间的干栏式建筑，一般有两到三层。底层大体架空，主要用于堆放杂物和饲养牲畜，与山地地形有机契合；二楼为主要居住空间；三楼是阁楼，为卧室或杂物间。侗族传统民居体现了与自然和谐共生、易居宜居的生态审美智慧，民居在不破坏自然环境的基础上利用地形和生态建筑材料，维护了自然生态系统的和谐秩序。在建筑布局方面，以侗族传统村落为例，建筑群往往与周围的水田、水塘形成有机的关系，将蓄水、收纳生活污水、养殖鱼类、饲养牲畜、种植水稻、栽种花卉等功能与民居融合，形成独特的村落生态圈，使村落空间既符合了生产生活需求，又具有生态功能，还塑造了独特的生态审美。

(三)维护山水的参与之美

居住在传统村落的人们主要是从事农业劳作来繁衍生息,人们对自然有敬畏之心,也有依恋之情,因此,人们会自发地维护自然。在传统村落形成过程中,人们就极力地顺应自然。而在日常生活中,人们也以维护自然为荣,在侗族先辈中,就存在"生一个孩子种一百棵树"的传统,虽然是为子女婚嫁做财富积累的准备,但周而复始、代代延续,也让侗族村落自然环境得到维护。

二、民族服饰的自然元素之美

贵州独特的山水直接影响了贵州地区少数民族的审美,少数民族儿女们将山水中的自然元素融入民族服饰之中,形成了别具一格的贵州民族服饰审美。

贵州布依族的服饰以蓝、白两色为主,多是蓝底白花的图案。蓝色所选用的染料以植物蓝靛为主,这种取自于自然的颜色让人联想到山川、天空与河湖,使人感到极强的自然生命力。贵州布依族服饰的精髓在其图案,其与农耕生活紧密联系。在布依族服饰的纹样图案中,生动的自然图案是布依族人对自然生活情感的生动表达,常见的有桂花纹、水纹、鱼纹等。

贵州苗族服饰以天然麻料为原料,体现着苗族同胞们对山水自然生态的情感。苗族女性服饰所呈现的是人与自然互相依存、互为对象的内在关系。苗族服饰的图纹中也深深地打上了山水生态审美的烙印。苗族服饰布满的蜡染和刺绣图案主要以山水中的动物和植物为主,还包含着天、地、山川、河流、田野等,这些都是孕育苗族儿女的自然资源,这些自然元素都饱含了苗族人对自然与生命的感激之情。苗族服饰图纹中的动物纹以蝴蝶纹、鱼纹、鸟纹、龙纹为主;植物纹有花草纹、枫叶纹、卷草纹等;另外还有水纹、云朵纹等自然元素。

三、民间艺术的自然审美

贵州地区苗族的民画和民间剪纸艺术都是对少数民族日常生活

的生动记录,体现着贵州地区人们对自然山水的情感。黔南州龙里县平坡苗族绘画早已声名远播,平坡苗族绘画大多源于平坡村苗族妇女之手,作品以抽象的形式,汲取了剪纸、刺绣、蜡染等民间艺术手法,集中展现了当地苗族的古老传说、民间故事、民族节日、日常劳作等内容,用苗族妇女独特的审美和绘画技艺创作出艺术品。绘画作品中对自然要素有着重的描绘,人们或在田间劳作,或在水中嬉戏、山中嬉戏,苗族人与自然的互动在农民的绘画中展现得淋漓尽致。

贵州苗族剪纸是国家第二批非物质文化遗产,剪纸主体纹样的动物中,有龙、吉玉鸟、蝴蝶、鱼等,太极阴阳鱼,枫树及苗楼建筑也常常出现在剪纸里。这些形象都与苗族的古老信仰和传说有关,也与贵州地区苗族世世代代生存的自然环境密切相关。

本章小结

本章主要从山水与贵州精神、山水与贵州民族风水、山水与贵州审美三个方面解读了贵州山水所蕴含的文化内涵。

贵州的山水塑造了贵州精神,总的来说,表现为三个方面:崇拜自然、崇拜神灵和攻坚克难精神。

贵州山水还培养出了独特的贵州审美,这体现在多个方面。首先,贵州传统村落独具生态审美,包括选址顺应山水之美、村落生存空间的耦合之美、维护山水的参与之美;其次,贵州地区少数民族服饰极具自然元素之美,这体现在材质、蜡染和刺绣的图案纹样等方面;最后,贵州的苗族农民绘画和苗族剪纸等民间艺术也极具自然审美。

思考与讨论

贵州多样的山水文化如何影响和推进新时代贵州的发展?

推荐阅读书目

[1]张晓松.山骨印记 贵州文化论[M].贵阳:贵州教育出版

社,2000.

[2]罗晓明,王唯惟.黔山秀水中的乡愁:贵州民族民间艺术研究[M].贵阳:贵州大学出版社,2015.

第五章
贵州少数民族聚落文化

地处喀斯特山区的贵州是多民族大杂居、小聚居之地,各民族生产方式、生活习惯、社会经济形态都存在较大差异。贵州少数民族聚落因受突出的山地地形和气候的影响,几乎都属于山地聚落类型。同时,贵州少数民族聚落文化的本质是少数民族特色的地域文化,因受不同因素的影响,呈现出地域差异,从聚落的空间形态来看,可以总结为四种类型:一是山地型的单一民族聚落,有半坡村和山地村;二是峰丛洼地型的单一民族聚落,呈分散的散珠状分布;三是山间丘陵、盆地型的民族杂居聚落,呈片状分布;四是聚族而居的坝子型民族聚落[1]。

贵州共有 56 个民族,世居民族共有 18 个,其中苗族、布依族、侗族、土家族、彝族的人口最多,人口和占比分别为:苗族人口 429.99 万,占比 12.2%;布依族人口 279.82 万,占比 7.9%;侗族人口 162.86 万,占比 4.6%;土家族人口 143.03 万,占比 4.1%;彝族人口 84.36 万人,占比 2.4%[2]。本章以贵州地区人口最多的这五种少数民族为代表,介绍贵州民族聚落文化。

---

[1] 赵星.贵州少数民族聚落文化研究[J].贵州民族研究,2010(3):5.
[2] 资料来源:多民族的大家庭,中广网.

第一节 贵州苗族聚落文化

一、贵州苗族概况

据历史文献和苗族口碑资料记载,苗族先民最先居住于黄河中下游地区,其祖先是蚩尤,"三苗"时代又迁移至江汉平原,后又因战争等原因,逐渐向南、向西大迁徙,进入西南山区和云贵高原。

贵州是我国苗族人口最多的省份,黔东南苗族侗族自治州是全球最大的苗族聚居区,清水江以南的雷公山山区更是苗族自中原向西南迁徙中形成的最大最集中的聚集地,居住在这里的苗族人口占贵州省全省人口的一半左右,且由于地处雷公山腹地,交通不便,受外界影响较小,文化传统保留较好,被称为"上九股黑苗区"。

贵州苗族多居住在高山地带,他们以农业为主,并且拥有自己的语言,苗族的挑花、刺绣、织锦、蜡染、剪纸、首饰制作等工艺美术瑰丽多彩,苗族服饰种类丰富、璀璨夺目、驰名中外。苗族是个能歌善舞的民族,尤以情歌、酒歌享有盛名。芦笙是苗族最有代表性的乐器。

二、贵州苗族聚落选址

贵州苗族多在高山密林处安村扎寨,借助自然环境的防御优势来增强聚落本身的自卫能力。按照建筑群在山体垂直面上所处的位置可以将苗族传统聚落分为山顶型、山腰型、山脚河岸型三种类型。

山顶型的苗族传统聚落建筑群主要位于山顶区域范围,通常山势比较险峻,这种选址的防御效果是显而易见的。

山腰型的苗族传统聚落建筑群主要位于山腰区域范围,这一区域能够很好地汇聚水源,同时是"藏风闭气"的宝地,适合生活与生产劳动。

山脚河岸型的苗族传统聚落建筑群主要位于山脚区域,聚落靠近河流、溪流等利于耕种,同时形成山水格局的人居环境。

黔东南苗族传统聚落平面形态表现为以人的活动为中心的圈层结构特征。首先，聚落中心圈层是建筑群；其次，建筑群周边是层层梯田，部分聚落建筑群周边有河流、溪流等水系；最后，整个聚落外围圈层是山，形成群山环抱的态势。由此，聚落由内而外形成"建筑群—梯田—山林"或"建筑群—梯田—水系—山林"的圈层结构。

立面结构形态层次丰富，是苗族传统聚落景观最具特征的部分。山顶型、山腰型、山脚河岸型的苗族传统聚落其立面景观空间构成各不相同。山顶型的苗族传统聚落建筑群从山顶顺山体依次层叠向下，从而构成"建筑群—梯田—山林"的立面景观；山腰型的苗族传统聚落顶部为山林，中间为建筑群，下面则是梯田以及山林，从而构成"山林—建筑群—梯田—山林"的立面景观构成；山脚河岸型的苗族传统聚落建筑群，其上面是山林，下面是梯田以及河流、溪流等水系，从而构成"山林—建筑群—梯田—水系"的立面景观构成。

三、贵州苗族聚落的整体景观构成和内部构成

苗族传统聚落景观空间中建筑群占据较大面积，是聚落内部空间最主要的景观构成要素同时也是整个聚落空间的中心圈层。按其组团的数量将其分为"单团聚式""多团聚式"两种情况。"单团聚式"是指一个聚落建筑群结构中只有一个大的集中区域；相对应的"多团聚式"则是指一个聚落建筑群结构中有两个及以上大的集中区域。

道路系统是聚落内部空间重要的景观构成要素。苗族传统聚落内的道路没有经过刻意的设计，而是在建房之后由人们的足迹形成，这些道路串联起各个建筑单体，随着聚落的发展而逐渐形成了顺应山势、灵活多变、通畅便捷的自由式布局系统。

苗族传统聚落内道路一般分三种类型。第一种是田间小路，宽度大约为0.5米，裸露的土地被压实成为道路。第二种是入户道路，宽度为米1米—1.5米，采用石材铺装，卵石、青石板最为常见；第三种是屋檐下的道路，它是聚落内道路的一种特殊形式。由于苗族聚

落特殊的地理环境,用地受限,因此原本只供自家人活动的各家房屋屋檐下的空间就变成了供大家行走的公用空间,道路从多栋建筑下穿过,这样既保证了建筑用地,又使聚落内道路畅通。

苗族聚落的内部构成除了建筑群和道路骨架以外还有节点,芦笙坪是苗族传统聚落中最大的公共聚集点,是象征着苗族文化精神的重要公共景观空间。苗族传统聚落中的芦笙坪一般位于其内部空间的山腰平地,是一个由建筑围合而成的空间,一般跟风水林布置在一起。芦笙坪大多以圆形造型为主,面积大小不一,地面采用卵石铺成铜鼓面图案,中心立一根杉木柱,柱上雕刻有鱼、牛等图腾纹样。有的芦笙坪周围还会设置一圈长廊。

护寨树又叫守寨树,是苗族传统聚落中的重要景观节点。大部分苗族聚落内都有1至3棵大的护寨树,一般为枫树且以单棵形式出现,位于聚落的制高点或者其他比较重要的位置。护寨树象征着驱魔辟邪、保佑平安,是苗族人精神的寄托。

苗族传统聚落内通常会有几处水井,它们不仅是构成苗族聚落景观空间的重要符号,也是重要的生活水源。水井四周通常用石材围砌,周边有一个小尺度的空间供人们打水、洗衣,有的水井上还会架设凉亭。

散布于建筑群之中的水塘是苗族传统聚落景观的重要组成部分。水塘既是防火隔离带,又是主要的消防水源,同时也是灌溉水源。主要分布于耕地周边、民居聚集区域和粮仓聚集区域。

苗族传统聚落内部空间中除了上述典型性景观节点之外,还有一些特征鲜明的景观构成要素,如花桥、粮仓等。有水系的苗族传统聚落一般会有花桥,又叫风雨桥,它既是连接聚落河流、溪流等水系两岸的重要构筑物,同时也是苗族人的公共交流空间。

花桥一般尺度不大,呈半围合空间形式,桥底不设桥墩,桥面用杉木板铺设,桥上架廊,廊上有向外挑出的座椅,与吊脚楼中的美人靠相呼应。花桥丰富了整个聚落的建筑样式和空间结构,是苗族传统聚落景观空间的重要组成部分。

粮仓是苗族人贮存粮食的构筑物。苗族传统聚落的粮仓分两种情况,一种是在自家居住建筑内,另一种是远离自家住屋的独立建筑,这里的粮仓指的是后者。它们集中布置在水塘边、田边空地上或直接建在水上,这主要是出于防火的考虑。粮仓多采用架空穿斗式木结构,落地立柱支撑着仓体,四面用厚木板装壁,屋顶为双坡悬山屋面。这种结构形式不仅与吊脚楼形成很好的景观融合效果,而且还起到了防潮、防虫的作用。

四、贵州苗族民居

苗族人喜楼居,这样的空间竖向发展一方面是由于山区建筑用地紧张,还需退让出大片耕地,另一方面是由于当地气候多雨,底层潮湿,居于楼上更加舒适。村寨中的居住建筑主要有吊脚楼和筑台民居两种形式。一般为2—3层,多采用穿斗式歇山顶结构,与山势巧妙结合形成整体。除此之外,木、青瓦、杉树皮等当地的自然材料在建筑上运用广泛,提升了苗族传统聚落独特的民族特色和景观特质。

吊脚楼从下至上通常设有架空层、生活层和阁楼层,架空层主要功能为圈养牲畜、堆放杂物、厕所等;生活层主要功能为堂屋、卧室、火塘间、厨房、储藏、外廊等;阁楼层作为储存空间。

筑台民居通常是两层生活空间加阁楼层,底层为厨房、起居、火塘间;二层为堂屋、卧室和外廊;阁楼层同样用作储存,而牲畜圈及厕所则置于建筑外部的一侧,与主体结构脱离。

苗族多以同一家族、同一房族、同一姓氏或同一宗族聚族而居。因此,筑台民居中可见两户人共居一栋的现象,两户系亲属关系,他们的生活模式基本相同,屋内空间布置相近。两户左右毗邻,底层室内分隔墙体上开门,户间可通;二层外廊由"退堂"扩大而成是大家庭共享的生活空间,常设美人靠,以作纳凉、休憩和妇女织布等之用。

五、贵州苗族聚落的人文空间

在"万物有灵"的自然观下,苗族社会对自然环境的重视程度和生态文明的发达程度之高,即便放在今天也堪称榜样。自然生万物的观点决定了人与自然相对公平的生态意识,最终促使人与自然和谐相处,合理利用自然资源的生态理念,也是苗族人生产生活中的行为准则。

苗族生态意识对聚落环境有明显影响,体现在聚落布局与边缘、材料与色彩两个方面。在聚落选址建寨过程中,无疑与自然有空间上的冲突,但对苗族来说,草、木、花、石等皆有灵性,不可肆意砍伐和破坏,于是聚落建寨和扩建时,不为获得规整开阔的生活空间而对自然施加强制性的改造。苗寨与周围自然的交接部分,形成了柔和的边界,吊脚楼与草木、树木看似漫不经心互相渗透交织,模糊了生活与生态空间的边界。

大量的乡土材料在苗族聚落中被应用。民居建筑为杉、枫等木材建造,屋面用青瓦、杉树皮、芭茅草等,屋内的隔断除木质也用芦苇编织的芦席,竹子用作维护材料,地基常用块石铺垫;巷道空间铺地用鹅卵石、自然条石或青石板等,色彩协调统一。

苗族传统祭祀和习俗节庆是祖先崇拜最直接、明确的体现,对聚落空间环境也有十分重要的影响,这都体现在以公共祭祀空间为重心的空间格局上。从整体聚落的层面来讲,承担祖先祭祀功能的铜鼓坪是苗寨整体聚落的核心。从模仿铜鼓纹样的铺装,到正中设置的牛角柱,很明显可以看出铜鼓坪诞生于祭祖的需要,后来由于苗民生活方式的多样化,才被赋予了公共活动甚至民俗风情展示的功能,但每十三年一次的鼓藏节祭祖活动仍在这一空间举行。

从吊脚楼内部空间层面来讲,堂屋占据当心间,位置居中,是整个房屋最重要的空间,其他房间都围绕堂屋布置。除日常起居及待人接客的实用功能,堂屋后部正中设神龛,上立牌坊,前置供桌,摆设祭品,起着表达家族延续的象征意义和精神功能。

图腾崇拜是氏族公社时期的一种宗教信仰。图腾崇拜的对象多种多样,往往与该氏族或部落的具体生活状态和地理环境等因素有关,苗族自古以来有浓重的精神信仰,其图腾崇拜中既包括枫树等植物,也包括牛、鸟、鱼、蝴蝶等动物,同时也有火、光等自然现象。对这些图腾的崇拜原本是苗民意识中抽象性的宗教信仰,但这种文化现象一旦找到稳定的物质载体,也变得具体可感,并直观地在苗族聚落环境、建筑装饰、景观铺装等方面展现出来

以血缘和地缘关系为基础的鼓社、议榔制度加深了苗族人的宗族观念,这在苗寨聚落的构成上表现为迁徙后的苗族先民多聚族而居,以牢固的血缘关系,增进群族感情。亲属关系近的人居所也较近,亲属关系稍远但仍为血缘宗亲的,往往居住在同一聚落中。如郎德上寨现居100多户,以陈、吴两姓为主,全为苗族人。岜沙村为多姓村,主要由滚、王、贾等姓氏构成,其中滚姓最早定居,人口最多。

另外,山地环境下,苗家人很难做到有单独的院落以限定家庭生活的空间,也没有其他要素对房屋周边的空间加以划分,房屋入口往往位于开敞的台地上或面向街巷。良好的邻里关系和生产生活中的集体意识使他们无意将各家的日常生活与其他人分隔开来,仿佛门前街道或房屋旁的台地是周围所有家庭共同的客厅。

第二节　贵州布依族聚落文化

一、贵州布依族概况

布依族是云贵高原上的土著民族,考古显示,早在石器时代就有布依族人在云贵地区劳作生息。布依族是我国西南地区较大的少数民族,贵州地区的布依族人口占全国的97%以上,主要分布在黔西南布依族苗族自治州和黔南布依族苗族自治州,安顺的紫云、关岭、镇

宁地区,以及贵阳市周边区县,织金县、盘县的布依族聚落等。如今,贵州地区的布依族仍然保留着古代的一些文化习俗,如铜鼓文化、建筑文化等。

二、贵州布依族聚落选址与形态布局

贵州布依族聚落多是依山傍水的,河溪环绕、竹林茂盛、田畴纵横。聚落建筑依山峦层叠、错落有致、坐落有向、排列有序,是山水韵律与人文韵律的交错应和。多数聚落或临水,或有清澈的水井和清泉,河水潺潺、泉水叮咚。所以,在贵州,布依族聚落还有"水乡布依"或"布依水乡"之美称。

受喀斯特山区地理条件限制,贵州布依族聚落选址需要兼顾饮水、耕作,同时还需要充分防范自然灾害。总的来说,布依族聚落的选址有三种类型,一是在地势平坦,水资源丰富,交通便利的盆地;二是在利于耕作,水资源丰富的河川旁边,形成优美的山水聚落自然风貌;三是在有充分的林木资源,可以防范自然灾害的山腰或山顶,这种聚落选址一般是在平地不够用时才会采用,且通常选择离水源地不远的山腰或山顶。

与选址类型相呼应,布依族的聚落形态不拘一格,灵活多变,至少也可以总结出三种模式。一是河岸排列式,聚落在河岸两侧安置田地后再后退修建建筑,建筑沿山脚等高线排列,形成极富自然韵律的聚落建筑界面;二是沿河散点式,这种聚落形态的平坦土地较稀缺,往往优先用来安置田地,聚落建筑只能零散分布,或散布在河流急弯处,或安置在山脚台地,聚落常由多个村落小组构成,河流将他们串联起来;三是山林混合式,这是选址在山腰或山顶的聚落形态类型,田地常置于半山之下的平坦处,聚落建筑则顺应山势修建,受地形限制,聚落规模往往不大,与山林紧密结合。

布依族聚落多是聚族而居,聚落内一般有一个或多个姓氏聚居,小的聚落由十来户,大的聚落则有几十上百户,很少有杂姓的布依族聚落,也很少有单家独户在布依族聚落中。

三、贵州布依族聚落的人文

(一)布依戏

布依族的布依戏是国家级非物质文化遗产,主要流行于贵州兴义、安龙、册亨等县,最先从祭祀跳神活动中孕育而来,以跳神为基础,先后演化出了布依板凳戏、布依地戏和布依彩调,在后人的融合创造过程中,逐渐形成了布依戏这种布依族的舞台综合艺术。

布依戏可以分为两种类型,一种是用布依族语言演唱的,内容是反映布依族的生产生活的民间故事,演员着布依族服装,主要的剧目有《罗细杏》《穷姑爷》《借亲记》等;另一种是根据汉族戏剧改编的,内容是汉族民间故事,用汉语道白,布依族语演唱,着汉族服装和道具,主要剧目有《红灯记》《秦香莲》等。布依戏种的角色都会戴上古朴的面具,面具由红、黄、蓝、绿、紫、黑六种颜色绘制而成,材质为木材、竹子、笋壳几种,雕刻和绘制手法比较夸张,有变形、扭曲的手法表现。演员佩戴面具之前会先在头上蒙上青纱。布依族聚落在每年春节期间都会上演布依戏,以达到消灾祈福、驱鬼除疫的目的。布依戏是由民间的业余戏班完成,一个戏班有三十多人。

(二)传统节日和祭祀

布依族聚落的传统节日除了有极富民族特色的"二月二""三月三""四月八""六月六""六月二十四""牛王节"等,还有汉族传统节日春节、端阳节和中秋节等。其中最为隆重的当属"六月六",也称为"小年"。有些地区的布依族聚落则是在农历六月十六或六月二十六过"小年"。在小年这天,布依族村寨便会杀猪杀鸡,并将猪血和鸡血涂抹在用白纸做成小旗上,将小旗插在庄稼地中,以祈祷新的一年庄稼不受病虫灾害。小年的早上,村里举行传统的祭盆古、扫寨赶"鬼"活动,除了祭祀人员,聚落中的男女老少届时都要穿上传统民族服饰,带上水酒、鸡鸭鱼肉、糯米饭,到村寨外头的山坡上"赶六月场",

也称"躲山"。村里的祭祀完成后,则有祭师带领祭祀人员到各家各户进行扫寨赶"鬼","赶六月场"的群众在山坡上谈天说地、说古唱今,进行各种娱乐活动。

(三)跳花会

贵州布依族聚落的跳花会活动是青年男女的社交活动,每年农历初一至二十一举行。跳花会规模很大,参加的人数往往逾千人,村寨里的未婚男女会在跳花会上对歌定情,也会通过吹奏木叶来吸引异性关注。节日的最后一天被称为"结合",跳花会结束之后的一天,正月二十二,被称为"牵羊",意思是定亲,男青年把心仪的姑娘带回家中相亲,了解双方的家庭状况,以决定自己的终身大事。

四、贵州布依族聚落的公共空间及构成要素

贵州布依族聚落的场坝空间是村寨中最为重要的公共空间。由于山区地形起伏,平地资源十分有限,布依族聚落的街巷空间拥挤狭小,场坝空间也不一定在村寨的地理中心。聚落入口处一般与耕地相连,空间较为开敞,因此容易形成较大面积的场坝。另外,在道路交接处和主要道路拓宽处也较容易形成场坝空间。在村寨的水井和其他水源附近,由于生产生活的需要,也较容易形成开敞的平台。布依族聚落的规模大小不一,因此,场坝空间的整体结构会因规模不同而呈现差异。在小规模的布依族聚落中,场坝空间呈点状聚合分布;在规模较大的布依族聚落,场坝空间则呈多中心分散布局。

贵州布依族聚落的公共空间有多种构成要素,主要为场坝空间、古树神树空间、水井、水系以及周边建筑、凉亭等。

场坝空间在地形限制下,多是不规则的几何形状,主要由农田、水系、道路和周边建筑围合而成,多采用当地石材来铺装,会刻意拼贴花纹,体现出质朴、粗犷的美感。场坝空间是布依族儿女日常集会、举办仪式、晾晒谷物、休闲游憩的主要场所。

古树是布依族聚落公共空间的精神核心,几乎每个布依村寨都

拥有若干古树,有些村寨甚至有上百棵古树。有些古树被作为聚落的守护神,或者被当成神山的代表,成为布依村民的崇拜对象。因此,布依族聚落中的树下空间至少可以分为两类,一类是祭祀型树下空间,另一类是休闲型树下空间。在祭祀型树下空间,通常会放置石像或石碑,树干上系有红色绸缎。在重要的日子里,布依族村民聚集在树下举行祭祀活动,树下空间便是祭祀场所。休闲型树下空间是为聚落中的居民提供休闲、娱乐活动的空间,树下设有花池、树池供人打牌聊天,也有人从自家搬来小板凳,坐在树下乘凉休息。高大的古树一般位于场坝一角,而非场坝的中心。

水系是布依族聚落生存和发展的关键要素,布依族聚落的稻田多围绕水系分布,因此,稻田附近的场坝与水系也是紧密联系的,共同形成了村寨重要的公共活动空间。横跨河流的桥体是毗邻水系公共空间的重要组成部分,也有的聚落使用石凳跨河,桥体或石凳为公共空间增添了自然趣味和生活趣味,也丰富了布依族公共空间的景观。以水井为核心的公共空间也是布依族村落公共空间的重要代表,村民日常在这里洗衣、洗菜,重要节日在这里祭神拜祖,极富生活气息。

凉亭是布依族聚落文化展示的重要窗口,也是青年男女交友、娱乐的场所,一般为木结构,结合地形布置,多为吊脚楼,亭内布置有座凳供人聊天休息。随着布依族聚落旅游产业的发展,部分聚落中的凉亭除了发挥休憩、交流的功能外,还是布依族村落的重要文化展示空间。

公共空间周围的建筑是空间构成的重要元素,大多是布依族聚落常见的干栏式建筑,由于公共空间的强烈属性,许多公共空间周围的建筑会由传统民居转变为具有公共属性的建筑,如商业用房、公共服务用房等。

五、贵州布依族聚落建筑

贵州布依族聚落的建筑是就地取材,以木建筑、石板建筑和石木结合建筑为主。一般建房多为三开间,也有五开间和七开间。建筑底层为青石砌筑,用于圈养牲畜,中层是主要的生活用房,三层为阁楼储物间,屋面盖小青瓦或茅草。石板建筑分布在黄果树瀑布一带的布依族聚落,利用当地丰富的薄石材,建造干栏式的石板房。布依族建房十分讲究风水,起房还要选择良辰吉日,立房架要祭拜鲁班师傅,房屋大梁由舅舅家送来,梁上绑上红绸,有鞭炮、乐队伴送,上梁时要宴请宾客,举行歌舞祭礼,还要迎请灶神和祖宗牌位入驻新屋。建新房在布依族聚落是喜庆的大事。

随着时代和经济的不断发展,贵州布依族人民的生活水平得到很大提升,住房面积需求增大,聚落中的建筑样式慢慢趋同于城镇住房,村民住房和圈养牲畜的厩房分离建设,钢筋混凝土结构和砖混结构的房屋大量出现在布依族聚落。新时期的布依族聚落建筑一方面保留了当地建筑材料和建筑元素的运用,保持了布依族建筑文化传统,另一方面现代建筑的结构特点在布依族聚落中也逐渐凸显。

第三节 贵州侗族聚落文化

一、贵州侗族聚落概况

据统计,全国有一半以上的侗族居住在贵州地区,其中绝大部分都集中在黔东南。学界一般认为侗族是从古代百越的一支发展而来的。侗族相信"万物有灵",崇拜自然,尤其崇拜女性神称之为"萨",意为祖母。同时侗族的家族意识突出,血缘直系亲属聚居在一起,又称为"一团"。各团具有象征宗族的"鼓楼",侗族祖先在建立聚落的时候,首先要择地建立鼓楼和萨坛,然后才建造道路,修建民居,具有规划意识。侗族聚落中高耸的鼓楼是绝对的中心,民族建筑必须恪守不高于鼓楼的规定。

二、贵州侗族聚落选址及整体空间布局

侗族聚落大多依山傍水聚族而居,多选址于河谷、溪流,河或穿聚落而过,或绕聚落而行。少数侗族聚落会在半山,侗族对自然环境表现出顺应、认同与崇敬,聚落选址采取融入自然的做法。在山体有坡度的部分均是采用吊脚楼,顺应地形,蜿蜒起伏,错落有致。

侗族聚落局部采用组团式布局,多个家族形成了多组团,各组组团都是以鼓楼为核心。各组团通常又与水系形成紧密的联系,组团间随着发展逐渐绵延相接,最终连成线性整体空间。以黔东南肇兴侗族聚落为例,聚落是由仁团、义团、礼团、智团、信团五个团组成,最后形成了整体沿河流的带状聚落。

黔东南地区的侗族聚落一般只有一条街道,在个别乡镇所在地的聚落有多条街道,街道联系着侗寨的寨门、戏台、鼓楼、风雨桥等,是侗族聚落空间形态的主要展示面,这些街巷通常都或平行、或垂直于河流。

侗族聚落的建筑沿着街巷空间布局,街巷断面括挑檐式或半挑檐式断面。侗族民居常常为三层建筑,高度约为9米,主街道一般也是宽9米。

三、贵州侗族聚落的内部构成

侗族的各类公共建筑和公共空间,可以说是聚落中的重要标志和节点。和其他少数民族相比,侗族空间秩序体系较为成熟,公共建筑及空间比较丰富,重要的公共建筑包括了寨门、凉亭、风雨桥、鼓楼、萨坛、戏台、景亭等。侗族聚落的入口首先是寨门,风雨桥往往坐落在聚落入口的溪流上,鼓楼和戏台在各团的中心,周围侗族民居围绕。除了寨门外,每个团都会有上述要素,因此,如果是若干个团构成的侗族聚落,就会有若干座风雨桥和若干座鼓楼。

寨门位于聚落路口主要道路上,寨门的框架一般分为4组,也有

6组、8组等，门楼有双坡歇山顶、攒尖顶等，也有的采用鼓楼顶的形式，或者是以上多种形式灵活组合，轻盈优美，有较突出的标志，令人印象深刻。有的在门里面还设有座椅，让寨门兼具凉亭休憩的功能。

风雨桥又称廊桥、花桥，是横跨在溪河之上的交通建筑，上面是长廊，下面是桥墩。风雨桥集桥、廊、亭于一体，由桥顶、桥面、石桥墩组成，是侗族儿女们日常休闲娱乐的主要场所之一。风雨桥多设在村头寨尾处和各组团的入口处，因造型独特，也是侗族聚落的标志性建筑。风雨桥的屋顶同样形式丰富，有双坡重檐歇山顶、攒尖顶等。

鼓楼广场是侗族聚落精神中心及活动中心，通常由鼓楼建筑、鼓楼坪、水塘三大基本要素组成，其中的水塘还兼具消防和景观的功能。部分鼓楼场坝一侧还有戏台，也有一些鼓楼与风雨桥衔接在一起。鼓楼及鼓楼坪是侗族儿女日常举行各种公共活动的场所，如采歌堂、祭祖、迎宾、各家的婚丧嫁娶、百宴席等日常交流娱乐都是在鼓楼广场进行，可以说鼓楼广场相当于侗族聚落的宴会厅。

侗族鼓楼的精神含义类似于汉族的宗族祠堂，是家族的标志。以鼓楼为精神支柱，侗族儿女们紧紧地团结在一起，使鼓楼逐渐发展成为一个功能完备、品格独立、个性顽强的文化生命，并慢慢地在使用过程中衍生出丰富的公共功能。贵州侗族聚落地区多产杉木，侗族人又称之为吉祥树。杉木挺拔笔直、坚韧雄伟，象征着侗族人的精神与品德，鼓楼的造型实际上是由杉木形态演化而来的。鼓楼往往是侗族聚落组团内最高大的建筑，从建筑造型和体量上控制着聚落的整体空间。鼓楼形制通常分为厅堂式、干栏式、密檐式三种类型。厅堂式是早期鼓楼的雏形，密檐式为现存鼓楼最常见的形制，屋顶形式可以分为歇山顶和攒尖顶。歇山顶的鼓楼通常是受汉族歇山屋顶形制影响而形成的，攒尖顶则是侗族鼓楼的最主流的形式。

戏台作为表演洞戏的场所，通常较为小巧，建于鼓楼附近，为两层木构建筑。舞台离地面两米左右，有表演台和侧面的化妆间。

四、贵州侗族民居

侗族民居建筑通常为干栏式建筑,干栏式建筑是指建筑的主要居住功能空间脱离地面,即楼上住人,楼底用来驯养牲畜,或者堆放杂物草料等。随着时代的发展,干栏式建筑的底楼也有转变为商铺、厨房、卫生间等功能的情况,但是它起居休憩的功能仍然以二楼为主。

侗族民居二楼的悬挑长廊是大家庭的重要公共活动交流空间,它的宽度约占房屋进深的1/3。火塘间是室内空间,承担了日常做饭、吃饭、祭祀、烤火等功能,楼梯一般在侧面。侗族民居的立面有层层出挑的特点,屋顶主要有悬山顶和歇山顶两种形式,做法又有悬山顶加偏煞,歇山顶加偏煞,歇山顶加重檐。

侗族民居多是点状自由式布局,建筑单体之间相互是分开的,朝向也很多样,高低错落,建筑之间有水塘、小片田埂等。侗族聚落通常是没有城墙的,其边界由自然环境过渡,也有侗族聚落会用一些晾晒农作物的架牌立于聚落边缘,形成柔性边界。

第四节　贵州土家族聚落文化

一、贵州土家族概况

土家族是中国第八大少数民族,有自己的民族语言,但没有本民族的文字,通用汉字。土家族信仰多神,表现为自然崇拜、图腾崇拜、祖先崇拜、土王崇拜等,部分地区还信仰道教、佛教等。土家族主要分布在湖南、湖北、重庆、贵州交界的武陵山区。由于这些地区分属于不同的省市,地形地貌、气候等又有所差别,因此每个地区的土家族聚落空间文化也会略有不同,本节主要介绍贵州省的土家族聚落空间文化。

二、贵州土家族聚落选址

贵州独特的山地环境直接影响了贵州土家族聚落的选址,其选址的最大特点就是与自然环境和谐共生,这主要体现在聚落与山势、水体的有机结合,土家族聚落建筑群往往随河川、山体延展,依山造势、鳞次栉比,建筑群排列极具韵律,有人文秩序之美。

贵州土家族聚落的选址深受中国传统风水学的影响,体现着"山水交会"的风水学思想。"负阴抱阳,金带环抱"之地即是最理想的聚落选址之地。在传统风水学说的基础上,土家族聚落的选址受土家人的生活、生产方式,以及宗教信仰影响。土家人有自然崇拜,土家族民间有句俗话:"山管人丁水管财",因此,土家族聚落选址十分重视聚落与山水的关系,尤其讲究山体的走势与聚落的互动关系,尽可能使聚落能有背靠众山之势,聚落所靠的"众山"山脉朝向需一致,主要山脉两侧应有余脉,呈环抱状将聚落包围。

三、贵州土家族聚落形态

贵州土家族聚落通常与水源靠近,一般选择地质条件好的平地或者台地兴建聚落,建筑材料取自当地的石材和木材。贵州特殊的喀斯特地貌,使得既能满足水源需求,又能满足地形宜居和建筑材料充足的地块较少,这样的地块呈小规模分散状分布,因此,贵州土家族聚落就呈现出小规模且分散布局的特征。按照地形条件,土家族聚落形态可以总结为三类:一是坐落于谷地坪坝的均匀片状聚落;二是坐落于峰丛洼地的向心带状聚落;三是坐落于山地台地的散珠带状聚落。

坐落于谷地坪坝的均匀片状土家族聚落通常交通便利、耕地富饶肥沃,气候也较山地更温和,更易取得经济发展。聚落在形成初期往往沿道路或水源方向延展,随着聚落不断发展,逐渐形成由中心带动外围的辐射状形态格局。

坐落于峰丛洼地的向心带状土家族聚落因受洼地面积小且较为

封闭的地形条件限制,往往交通不畅,并且适宜建设的土地面积稀缺,同时,由于村寨需要选择在有水源的地方,峰丛洼地中的土家族聚落常常是沿洼地等高线布置,形成带状形态格局,整体与地形相吻合。居住建筑和耕地一般占据较平坦、集中的土地,基本上都坐南朝北。杂物棚和牲畜圈的分布则比较杂乱。由于洼地与洼地之间相对独立,造成了每个聚落相对独立的空间特征。每个洼地规模较小,有限的土地资源限制了聚落的规模,住户一般是几户到十几户,形成了小聚居的土家族聚落形态。

坐落于山地台地的散珠带状土家族聚落主要分布在山地山脚或山腰的台地上,这里所指的"台地"是指山中较为平缓的坡地。这样的聚落中平整的土地十分稀缺,往往优先用于耕种,而民居和其他建筑则被安置在山坡上。山地台地上的土家族聚落耕地与建筑的组合形式十分丰富,有房围绕田的、田围绕房的、房和田相互穿插的和房与田相互分离等形式。随着村落的继续发展,聚落会在更高或者更低的等高线上新建房屋,并向纵向延展,进而形成重重叠叠的立体聚落形态。由于贵州山地陡险,交通不便,山地台地上的土家族聚落往往相对闭塞,小规模分散分布的聚落犹如散落在山中的珠子,而聚落中的人文风俗保存得也较为完整。

四、贵州土家族聚落的民俗特征

土家族信仰多神,有丰富的民俗仪式,总的来说,土家族的民族仪式可以分为信仰仪式、节日民俗仪式和人生仪式,各种仪式都是以聚落空间环境作为依托,聚落的空间环境也反映出土家人的思维方式和价值观念。因此,土家族聚落具有神缘性、血缘性和自然性。

神灵崇拜是土家族民俗信仰仪式的重要精神寄托,土家族儿女在聚落内建造的各种庙宇建筑正是聚落神缘性的象征。土家族聚落中的庙宇包括了土王庙、火神庙等。土王庙又称摆手堂,供奉的是土家族最早的土司王彭瑊和他的两个得力助手田好汉和田老官人,每年正月初三至正月十五,土家人都会用猪头、猪肉来祭祀土王,土家族巫师还会唱起传统的"梯玛神歌",众人会一起跳起土家摆手舞,摆手的舞蹈内容多是狩猎生产和农事生产。

土家族聚落有共同的祖先崇拜,同氏族的人聚集,形成同宗聚落,这是土家族聚落血缘性的体现。同宗聚落内一般设有祠堂,氏族中地位较高的"族长"在宗族重要的日子里举行各种宗族仪式活动。祠堂是宗族宗法制度和宗族力量的象征,占据了风水宝地,一般位于宗姓生活的中心。祠堂除了祭祀祖先外,还是各房子孙婚丧嫁娶、聚会议事的重要场所。

在土家族的民俗信仰中,自然崇拜有重要地位。土家人相信万物有灵,为自然界的事物都赋予了灵魂,予以充分的尊重,聚落建造过程中顺应自然的方式即是土家族聚落自然性的体现。土家族图腾崇拜的对象是白虎,每年农历四月初八或四月十八有牛王节,这些都是土家族聚落自然性的呈现。

五、贵州土家族聚落的内部构成

(一)道路与桥

贵州土家族聚落的道路依山就势、蜿蜒曲折,有土路、乱石路和石板路等类型,而街道则多用青石板铺装,道路一般比较狭窄。街道沿街建筑多为一到两层的木结构建筑或砖木结构建筑,有出檐和出廊。桥是贵州土家族聚落中具有独特性和标志性的景观要素,往往是土家人交往、观景、休闲游憩的重要场所,桥的样式丰富,有凉亭桥、圆拱桥、石桥、铁索桥等,各具特色。

(二)祠堂

土家族的祠堂一般位于聚落的中心区,氏族的人多围绕祠堂居住,祠堂的建筑形制和建筑工艺十分考究。从现有的贵州土家族聚落祠堂来看,祠堂一般是四合院式建筑,砖木结构,对称布局,主体建筑位于正中,高大威严,内部楼阁高耸,外部墙体环绕,布局严谨、主次分明。祠堂往往是宗族兴旺的象征,规模越大的祠堂意味着宗族财力越强、威望越高。祠堂用材讲究,装潢精美,在梁、坊之上往往有华丽的雕饰,内容有牡丹、祥云等,月梁上雕有扇形透雕,内容有"大禹耕田""八仙祝寿"等图案。祠堂除了祭祀祖先外,还有教化族众的功能,因此,内部装饰也有"忠孝仁义"等主题的内容。

(三)摆手堂

摆手堂又称为土王庙,是土家族聚落的重要祭祀建筑,一村一堂,选址十分注重风水,一般远离聚落的生活中心区,选择在聚落周围的山坡、山脊、山岭上,在远离世俗、环境清幽、林田环绕之处,极具土家族精神殿堂的神秘气息。摆手堂的使用频率远没有祠堂高,而且使用摆手堂的时间也较为固定,一般在春节之后,聚落里的男女老幼会着盛装齐聚摆手堂,同跳摆手舞祭祀祈福。有的地区是在三月、五月举行摆手祭。摆手堂一般为石木建筑,没有过多的装饰,质朴厚重,建筑平面为矩形,规模不大,前院后堂。前面的院坝是土家人跳摆手舞的地方,一面是神堂,三面是石墙,面积比较大。后堂多为三开间,内设神龛,简洁朴素,体现出神明的慈爱与脱离世俗的气息。

(四)井塘

井塘是土家族村民挑水、洗菜、洗衣之处,是聚落生活中使用频率最高的地方,也是村民的主要交往场所,同时经常被土家人看作是水神、河神、井神的住所,这就使得井塘具有崇高地位。每逢节日,当地的土家人便会到井塘边进行祭拜、烧香供烛等,因此,井塘也是土家聚落祭拜祖先的地方。

(五)民居与院坝

土家族的民居以吊脚楼为主,一般选用木材,多为两层楼的建筑,一正两厢。土家人十分讲究吊脚楼的含义,在工序上尤其注重详细步骤所带来的祝福。建设吊脚楼的第一步是备木料,一般选用椿树或者紫树,象征大地春常在、子孙人丁兴旺;第二步是加工梁、柱,土家人一定会在梁上画上荷花链子、八卦、太极等,画有八卦的梁一定要放置于房屋的正中,以庇佑家庭;第三步为排扇,是将梁、柱对接,并摆列完整;第四步就是立柱了,挑选黄道吉日,请乡亲们到场帮忙和庆贺,上梁之前还要祭梁,届时鞭炮齐鸣、热闹非凡;而后就是装板壁、盖瓦了。根据地形,土家人的吊脚楼可以分为半边吊、临水吊、半截吊、曲尽吊等。

院坝是土家族聚落居住空间的重要组成部分,基本上每家都有,主要功能为粮食晾晒和起居活动等。院坝的大小与主体民居的形制、围合方式、地形地貌都密切相关,因此,院坝往往形态各异,大小不一。有的大院坝由几个小院坝共同构成,演化成为聚落的主要活动交流中心。

(六)其他祈福空间

土家族有多神崇拜,认为万物皆神,因此,土家族聚落中还有很多树神、石神、土地神等祭坛,这些祭坛大多临近聚落内部的交通路径,或以依附于奇石、古墓的形式存在,具有较强的景观标志性,少部分则位于聚落的边界,充当村寨的守护神。

第五节　贵州彝族聚落文化

一、贵州彝族概况

彝族在贵州的历史可以追溯到春秋到秦汉时期。贵州彝族从地域上来看集中于贵州中西部地区、西北部地区,主要分布在毕节市、六盘水市、贵阳市、安顺市、黔南州和黔西南州,还有部分分布于其他市、州。这其中以毕节市和六盘水市的彝族人口比例最高,居住也最为集中。

二、贵州彝族聚落选址与空间形态

贵州彝族聚落的选址与空间形态极具地域特色,总的来说,影响彝族聚落选址与空间形态的要素有三类,一是山地生态条件;二是血缘关系;三是文化习俗。

(一)山地生态条件对彝族聚落空间形态的影响

彝族早期过着以游牧为主的刀耕火种的生活,因此,许多彝族聚落至今仍然保留着半耕种、半游牧的生活模式,这样的经济生活对贵州彝族聚落空间形态形成发挥着至关重要的作用。贵州独特的山地地形,让彝族聚落在长期生活、生产的经验中总结出了与山地的相处之道,即山顶宜牧、山间宜居、山下宜耕的聚落空间布局。彝族聚落的这种空间布局方式体现了彝族儿女充分利用贵州山地自然资源的思想,山顶的草原和林木为饲养牲畜提供了食物,而丰富的木材资源为山间聚落建造房屋提供了建筑材料,在山下进行农耕更利于保障土壤的肥力和农作物的浇灌。与其他少数民族聚落一样,彝族聚落选址和形态受风水理念的影响也十分明显,讲究靠山面水。随着农耕经济的发展,聚落规模逐渐增大,院落形式的建筑形态也开始大量出现,建筑文化得到了发展。

(二)血缘关系对彝族聚落空间形态的影响

早期的彝族聚落以血缘关系为纽带,形成统一的大家庭聚居的空间形态。后期若干的小家庭出现,开始从大家族中分离出来,形成相对独立的生活单元与生产单元,即"家支",聚落形态也随即出现区分。聚落之间常使用人工构筑物来界定边界,如栈桥、寨门等,聚落中的公共空间和公共建筑物是家族共有的,多数是布置在聚落的中心区。在聚落衍生出新的家支时,也需要从祖灵中分离,在家支新的生活单元中重新设立祭祀场所。

(三)文化习俗对彝族聚落空间形态的影响

彝族素来有"万物有灵"的思想观念,对自然的崇拜映射在聚落空间形态中则表现为对自然山水的尊重和顺应。此外,祖先崇拜为主的宗教崇拜对彝族聚落也有重要影响,因此,彝族聚落在彝族民族文化中是一个"人神共居"的家园，在聚落建造过程中宗教信仰一直贯穿于全过程，包括聚落选址、房屋建造、公共建筑与构筑物的建造、对自然资源索取的时间和地点选择等。

三、贵州彝族传统建筑类型

（一）民居

贵州地区的彝族民居多是就地取材，木结构，各建筑部件由榫卯结构或者金属连接构件进行固定和连接，房屋冬暖夏凉、建造容易。彝族人崇拜龙虎图腾，因此在房屋构造上喜用龙虎装饰。在山石资源丰富的地区，彝族村民会采用石材作为主要建筑材料，贵州石灰岩、玄武岩石材丰富，是黔西北一带彝族聚落的重要建筑材料。彝族的石质民居，石材主要用于基石、墙体和房顶。石材的使用常见有两种做法，一种是直接选用天然片石或者石块；另一种是将石块进行加工后再使用。在贵州六枝地区的彝族聚落就有三成左右的民居为石板房，以石块或石条来砌墙，以石板为屋顶。

（二）青棚

青棚是彝族聚落中一种被广泛应用的临时性拆卸建筑，这源自彝族先民游牧时期的生活习惯，后续青棚逐渐演化成为彝族村民生活中重要习俗组成部分，形成青棚文化。在彝族儿女结婚当天，新郎家会在院子里支起一座青棚，青棚内外披红挂彩，棚内的正中央供奉彝族喜神的牌位，青棚地上会铺上厚厚的青松毛，以供客人聊天吃饭、歌舞娱乐。

（三）公房

彝族的公房也称姑娘房，是彝族自由恋爱的传统婚俗，在贵州少数彝族聚落中还有遗存，是供未婚青年谈情说爱的地方。聚落里未婚的姑娘相约成伴，各自从家中带来被子，在姑娘房里搭设床铺居住，姑娘房里一般不放置其他家具，姑娘们白天回家干活吃饭，晚上在姑娘房中休息,直至结婚成家才会离开姑娘房。姑娘们居住在姑娘房时,年轻小伙便会有意无意地来闲聊、串门,你来我往中若姑娘发现了心仪的小伙子便会跟其对歌,互赠礼物。在青年男女自由交往过程中,姑娘往往有绝对的选择权和决定权。

(四)宗教建筑

彝族的宗教建筑有很强的原始性,这是家神居所的宗教建筑的主要特点。贵州彝族一般设有祠堂,专门用于族人们放置祖筒并祭祀祖先。以贵州六枝彝族聚落为例,祠堂修在村落后山上,规模较小,只有几平方米,一般为石墙草顶结构、木栅栏草顶棚屋或者石墙瓦顶棚屋。祠堂中供奉的灵位称为灵筒,一个灵位包含了两个灵筒,对应一对夫妻,男左女右排放。灵筒是大约指头大小的竹筒,里面装有米、草、纸,以示明死者的性别和身份,灵筒按从老到小的顺序,一代一代地排放。

(五)土司建筑

黔西北彝族聚居的地区在古代是水西彝族土司政权统治的区域,水西彝族土司是贵州四大土司之一,是我国西南地区维系土司制度最长的土司,自三国时期建立罗甸国到康熙年间改土归流,经历了漫长的一千四百多年。水西彝族在统治过程中留下了大批彝族土司建筑遗迹,包括大屯土司庄园、奢香夫人墓、贵州宣慰府等,均具有高度的原真性,保存得也比较完整。大屯土司庄园是国家级文物保护单位,始建于清朝,庄园面积有五千多平方米,风格借鉴了唐朝建筑风格,也结合了彝族建筑的审美,至今保存完整。奢香夫人墓直径达6米,墓高4.5米,由324块白石围成圆形石墓,石上有精美生动的石雕。贵州宣慰府是贵州宣慰司治所的复原建筑,面积有五万多平方米,设有"一场八院九层",雄伟恢宏,建筑和门窗的形制均是仿古彝族建筑。

本章小结

本章介绍了贵州苗族、布依族、侗族、土家族、彝族的聚落文化，主要从民族概况、民族聚落选址、聚落空间形态和布局、聚落内部构成和建筑几个方面对贵州少数民族聚落进行解读。

贵州苗族聚落是典型的山地聚落，聚落选址可以分为山顶型、山腰型、山脚河岸型三种。聚落中除了建筑群和道路骨架外，还有芦笙坪、护寨树、水塘、花桥、粮仓等内部要素。贵州苗族喜爱楼居，吊脚楼和筑台民居是主要的建筑类型。苗族聚落中有丰富的人文空间，"万物有灵"的自然崇拜、传统祭祀和习俗节庆、图腾崇拜、血缘关系和常年的生活习惯共同影响着贵州苗族的聚落文化。

布依族是贵州高原上的土著民族，贵州布依族聚落选址大致上有三种模式：河岸排列式、沿河散点式、山林混合式，聚落由一个或者多个姓氏聚居而成。布依族聚落人文丰富，以布依戏最具代表，另外还有布依族传统节日和祭祀仪式，以及规模宏大的"跳花会"活动。布依族聚落的公共空间以场坝空间为核心，另外还有与场坝空间毗邻的古树神树空间、水井、水系，以及周边建筑、凉亭等。布依族聚落的建筑以木建筑、石板建筑和石木结合建筑为主，多为干栏式建筑。

贵州侗族占全国侗族的一半以上，侗族聚落多依山傍水、遵循地形，采用组团式布局，每个组团以鼓楼为核心，组团之间有密切联系，通常沿水系形成线性整体布局。贵州侗族聚落的公共空间有寨门、凉亭、风雨桥、鼓楼、萨坛、戏台、景亭等，各类公共建筑之间有特定的组合方式和联系。侗族民居通常是干栏式建筑，多为点状自由式布局，与自然环境有机融合。

贵州土家族信仰多神，有自然崇拜、图腾崇拜、祖先崇拜、土王崇拜等，聚落选址与自然环境和谐共生，同时也受风水观念影响。贵州土家族聚落的空间形态可以分为三种类型：均匀片状聚落、向心带状聚落和散珠带状聚落。聚落的内部组成丰富，包括了道路与桥、祠堂、摆手堂、井塘、民居与院坝、其他祈福空间等。

贵州彝族主要聚居于黔西北,影响贵州彝族聚落选址和空间形态的因素主要有山地生态条件、血缘关系和文化习俗,聚落内部的建筑类型有民居、青棚、公房、宗教建筑和土司建筑等。

思考与讨论

在全球化和现代化的冲击下,贵州丰富的少数民族聚落文化当如何处理保护与发展的关系?

推荐阅读书目

[1]高勇.贵州世居少数民族族源及民俗文化符号[M].贵阳:贵州人民出版社,2014.

[2]向笔群.贵州土家族风俗风情文化研究[M].北京:团结出版社,2016.

[3]麻勇斌.贵州苗族建筑文化活体解析[M].贵阳:贵州人民出版社,2005.

第六章

贵州屯堡文化

屯堡文化是贵州中部地区珍贵的文化财富,被称为贵州历史的活化石,已有600多年的历史。在贵州安顺市及其周边,有大量的村庄聚落被称为屯、堡、所、哨、驿,这些都是在历史上曾经具备军事功能的村寨,屯堡则是对屯与堡的总称,"屯"是指聚落屯田驻军的作用,"堡"则是指用石头建造的城墙整体形态[1]。贵州屯堡内的城墙、房屋、院墙等都是由灰色石块、石板筑建而成,屯堡中蕴涵着丰富的历史文化,是贵州地域文化中不可缺少的组成部分。

第一节 贵州屯堡的形成与发展

一、贵州屯堡的形成

(一)调北征南

在明朝以前,还没有贵州省的概念,今贵州地区在当时是分别属云南、四川、湖广管辖,贵州地区"夷多汉少",以少数民族人口为主,由地方土司管理,由于中央对贵州的约束力较弱,贵州地区动乱较多。直至明朝,中央决心以武力"平南",当时安顺地区是由云南管辖,是十分重要的战略要地,也是西南地区重要驿道,攻占安顺地区

---

[1] 彭丽莉,龙彬.贵州屯堡民居文化内涵浅析[J].南方建筑,2006(1):119-123.

这个"滇之喉"是平南大军的重要任务之一。平定贵州地区后,明朝为了控制西南交通要道,巩固西南边陲,在贵州地区推行"卫所制度",即在战略要地设置卫所驻军,以实现中央对贵州地区的控制。卫所从低至高分为总旗、百户所、千户所、卫。洪武年间,南下的中央大军在平定云南梁王的叛乱后就驻扎在了现今的贵州安顺一带,逐渐在当地扎根。据统计,明初驻扎贵州黔中地区的明军就有十几万人之多[1]。驻扎下来的军队实行屯田制,闲时为农,战时为兵,以解决粮草供应的问题。明朝这次的大规模军事移民被称为"调北征南"。

(二)调北填南

"调北征南"打通了商路,许多经商之人也随之进入贵州,带来了工匠和富户,另外还有中央派遣的政治移民,以及被流放的流犯。明朝中央政府为稳定军心、保障兵力,巩固对西南地区的管理,在实行"世袭制"的兵役制度之外,还从法律层面规定军人的妻儿必须随军,没有结婚的士兵则由政府配婚。明朝政府更是出台了大量惠民政策吸引经济发达、人口稠密地区的百姓移民至贵州地区,同时大量流民、破产的平民也被强行迁入贵州,明朝这一系列的移民措施在历史上被称为"调北填南",贵州的汉族人口激增,据统计,明洪武年间迁入贵州的移民数量有一百六十万之多,改变了贵州"夷多汉少"的人口结构,极大地稳固了明朝中央政权。

随着移民的迁入,当时经济发达地区先进的文化和生产技术也进入了贵州地区,带动了贵州经济发展,并对贵州文化产生了重要的影响。

二、贵州屯堡的发展

明、清两朝大力推行改土归流,使得贵州地区的土司制度彻底瓦解,弱化了卫所屯田制度存在的必要性。在清朝康熙年间,

---

[1] 李振纲.贵州六百年经济史[M].贵阳:贵州人民出版社,1998.

安顺军民府被废除,标志着贵州黔中地区屯田制的彻底瓦解。也是在清朝期间,贵州的交通体系得到完善,贸易往来频繁,手工业和农业得到长足发展,贵州屯堡的经济开始焕发活力。但是,并非所有屯堡的经济都得到发展,随着屯田制在黔中地区的瓦解,大部分屯堡出现衰败的情况,耕地无人耕种,人口流失严重。因此,根据不同历史时期贵州屯堡的时代特征,可以将贵州屯堡的发展分为三个阶段:第一是军户屯田阶段;第二是军屯转变为普通聚落的阶段;第三则是屯堡聚落衰败阶段或者屯堡多元经济发展阶段。

三、贵州屯堡聚落的分布

出于明代的军事需求,贵州屯堡主要沿古驿道分布在黔中地区,至今,贵州屯堡聚落的整体空间格局仍然保存完整,沿古驿道呈散点状分布,同时彼此之间又能紧密地联系。贵州屯堡的空间分布有两种模式:一种是沿交通要道大量分布屯堡聚落;另一种是在驿道附近的田坝平坦区大量分布屯堡聚落。

沿交通要道分布的屯堡聚落除了发展农业以保障粮草之外,各聚落还根据自身特色和资源发展出了其他产业,如鲍屯以其精美的腰带而闻名,安顺"屯堡第一村"九溪则多产煤、贩煤、贩米,西陇出石匠,章庄擅纺织等。各屯堡聚落不同类型的产业多元化发展,共同构建起了黔中地区的产业经营体系,使得黔中地区贸易发达、商贾云集。在田坝区集中分布的屯堡耕地面积较充裕,利于灌溉,承担着为卫所保障粮草的重要功能。这类屯堡聚落内的居民十分擅长精耕细作,手工业和商业的发展并不明显。不论是出于军事需求还是经济产业发展,两种类型的屯堡都能相互配合、紧密联系、共同协作,为贵州地域文化发展奠定了基础。

第二节　贵州屯堡的类型与社会组织结构

一、贵州屯堡的类型

贵州屯堡在设计之初并没有类型划分,但是随着历史的发展,屯堡聚落开始呈现出不同的功能侧重和产业特征,因此,可以根据屯堡的职能将贵州地域的屯堡大致分为三类:军屯、民屯和商屯❶。

(一)军屯

军屯的核心是军事防御,人口由将领、军人和随军家眷组成,主要分布在重要军事驿道沿线和屯堡集中区的外围。在改土归流过程中,卫所制度逐步瓦解,军屯的军事功能逐渐弱化,在经济贸易功能和精耕细作的进一步发展下,军屯渐渐向商屯和民屯演变,但军屯中的烽火台、围墙等军事建筑仍被保留下来,安顺大西桥镇吉昌屯就是军屯的典型代表,另外还有颜旗堡、号营、雷召堡等。

(二)民屯

民屯的核心是生产和储备粮食,人口主要是政府组织迁入的移民,拥有肥沃的土地,利于精耕细作。由于贵州地域地形起伏大,平坦土地稀缺,所以黔中地区的民屯较多,分布也比较集中。在设立屯堡的初期,民屯与军屯往往是共存的,部分民屯还发挥着为军队铸造兵器和生产盔甲的功能,还有的民屯承担着为军屯饲养马匹、盥洗军装、布料纺织等职能。鲍屯、雷屯、九溪等屯堡聚落都是从民屯发展起来的。

(三)商屯

由于贵州地区屯堡聚落占据了重要的交通商路,各具特色的贸

---

❶ 闫慧鹏.黔中屯堡聚落空间分布特征及影响机制[D].武汉:华中科技大学,2021.

易逐步发展起来,并承担起黔中地区商业服务的职能,逐渐演化成商屯。天龙屯因其交通区位四通八达,是黔中重要的情报驿站,随后,众多商贩看重其便利的交通,纷纷汇集于此,从事贸易活动,天龙屯的商业服务功能由此发展起来并不断完善,成为黔中最为典型的商屯。云山屯也是十分典型的商屯,供人赶集的宽阔广场,沿街建筑往往是前铺后居,方便做买卖。

贵州地区的屯堡经历了六百余年的风雨后,不论是人口构成、功能形制还是社会组织结构,都发生了翻天覆地的变化,现今的贵州屯堡聚落是贵州多元文化的象征,屯堡的功能也十分复合化。

二、贵州屯堡的社会组织结构

贵州屯堡聚落的社会组织结构大致可以总结为两种类型,一种是血缘型结构,是指屯堡聚落以宗族制度为社会组织管理方式,村民之间主要以血缘关系为基础,聚落中重大事件的决策由族长和寨老商议执行[1];另一种是血缘与地缘结合型结构,是指聚落由多个姓氏组成,社会组织结构是以地缘为基础,各族之间相互通婚后又形成紧密的血缘关系,因此地缘与血缘共同影响着屯堡聚落的社会关系网络[2]。

(一)血缘型结构

贵州地区有部分屯堡聚落是以一个姓氏为主,聚落是以最先到达这里的移民的姓氏来命名,在聚落的不断发展中,聚落中最先到达的姓氏世代繁衍、不断壮大,在聚落中逐步积累出强大的影响力和生命力,改土归流后,宗室与族长逐渐发挥起决策者和领导者的作用。

鲍家屯是贵州血缘型屯堡社会组织结构的典型代表,享有"大明屯堡第一屯"的美誉。鲍家屯的始祖是"振威将军"鲍福宝,鲍福宝携

---

[1] 陈顺祥.贵州屯堡聚落社会及空间形态研究[D].天津:天津大学,2005.
[2] 孙兆霞.屯堡乡民社会[M].北京:社会科学文献出版社,2005.

带家眷、率领部下定居鲍家屯后就确立了鲍家独大的聚落格局,鲍姓村民占比有80%左右,鲍家宗祠坐落于聚落中轴线的北端,在聚落中具有极高的地位。

(二)血缘与地缘结合型

贵州绝大部分的屯堡聚落由多姓氏组成,各大家族设有各自的祠堂,各自管理家族内部事务。此类聚落中单个姓氏的宗族势力比较薄弱,因此,聚落中会选出最有威望的长老,共同商议和决策聚落重大事宜,如修建道路、庙宇,制定村民行为准则,成立民间戏班子,举办大型宗教仪式和娱乐活动,等等,都是以长老为纽带,全聚落村民共同完成。

第三节 贵州屯堡的信仰与民俗

一、贵州屯堡的宗教信仰

(一)儒释道"三教合一"

贵州屯堡是由移民组成,是汉族后裔,沿袭着汉族的宗教信仰。儒家学派、佛教和道教是贯穿了中国传统文化近两千年的宗教文化,在明朝便推出了通过儒教以"化愚民""弭边患"的方针政策。因此,在贵州屯堡聚落,儒释道"三教合一"的信仰崇拜也贯穿了屯堡人的一生。

贵州屯堡聚落汇集了中华传统文化下的各类庙宇建筑,数量众多、类型丰富,有些屯堡聚落中还拥有多个庙宇,安顺九溪村就曾拥有五座庙宇,分别为青龙寺、回龙寺(已毁)、龙泉寺、五显庙(已毁)、汪公庙。而雷屯的永风寺则存在一座庙宇中供奉多个宗教神灵的奇观,前殿供奉文昌和关羽,中殿供奉的是如来和观音,后殿则是供奉玉皇大帝。可见,在贵州屯堡聚落,只要是屯堡人所信仰的便可供奉,屯堡人虽然沿袭了汉族族群的宗教信仰,但出于实用主义,又与汉族宗教信仰有一定的差异。

(二)英雄人物崇拜

军事移民是贵州屯堡聚落中的核心人口组成部分,因此,屯堡聚落多存在对历史英雄人物的崇拜,例如岳飞、关羽、郭子仪等,但是,最具代表的当属汪公崇拜。汪公的原型是汪华,是隋唐著名武将,当时汪华归顺唐朝,避免了无辜百姓生灵涂炭,因此深受百姓爱戴,也受到政府的推崇。在民间的不断演绎之下,汪华逐渐被传颂为徽州的保护神,并有大量信众。百姓对汪公的崇拜随着军事移民来到了贵州地域,被长期流传了下来,并在贵州屯堡聚落中演化出了春节"抬汪公"的习俗。春节期间,屯堡人会将汪公相放置于红轿中,抬着红轿按照事先规划好的路线游经每家每户门前,每户人家放鞭炮、设香案迎接汪公,祈求一年的庇护。

二、贵州屯堡的民俗文化

贵州屯堡聚落有独特而丰富的民俗文化,以地戏最具代表性,跳花灯、山歌等活动也十分有特色,另外还有许多节庆和习俗流传至今。

(一)地戏

地戏原本是军队中鼓舞士气的特殊仪式,在屯堡中不断演变为民俗仪式活动。贵州屯堡的地戏又称"跳地戏"或者"跳神",不同屯堡聚落的地戏又存在差异,不同聚落之间会相互邀请互相表演。地戏表演是在平坦的地面上,表演者背插旗帜、身着长衫、手持木制长枪短刀,面罩青纱、头顶面具、以锣鼓为伴奏进行表演,表演内容多是民间传颂的英雄人物故事,表演形式为打斗、道白、唱曲等,地戏所传达的正是"忠、义、勇"的价值观。一般在春节和农历七月中旬举行,蕴含着驱邪避灾、敬畏神灵的内涵意义。

(二)跳花灯和山歌

跳花灯和山歌是贵州屯堡聚落极受欢迎的娱乐活动,跳花灯是以男女情爱和日常生活为主题的歌舞表演,山歌则是屯堡人在田间地头的娱乐活动,十分讲究押韵,通常为男女对歌,对不上歌的一方则算是输给了对手。

(三)其他习俗

贵州屯堡聚落还有很多独特的民间习俗,如晒菩萨、牛王会、马王会、四月八、六月六、七月半等,这些节日既体现了屯堡人的自然崇拜,也表达了对鬼神的敬畏,同时还有屯堡农耕文化的展现。

各地移民在带来汉族信仰与民俗的同时,也在世代繁衍中逐渐演化出了自身独特的民俗文化,这极大地丰富了贵州地域文化的内涵。

第四节 贵州屯堡聚落空间形态

一、贵州屯堡聚落的整体形态

贵州屯堡集中分布的黔中地区是峰林密布的喀斯特地貌区,平坦土地稀缺,因此,屯堡的空间形态深受山地地形地貌影响。屯堡聚落为适应多变的喀斯特山水条件,演化出了各种各样的屯堡形态:在山脚平坦处或山谷盆地中的屯堡聚落规模较小,多是集中布置的团块状;坐落于峡谷地带,或是沿水系和道路布置的屯堡聚落则呈条带状;环山布局的或坐落在峰丛之中屯堡聚落,抑或是在临水区域或平坦区域持续发展和扩张的较大规模屯堡则可能呈现不规则形状。不同形态的屯堡聚落呈现出不同的空间特征。

(一)团块状的屯堡聚落

团块状的屯堡聚落空间布局十分紧凑,规模一般不大,平面形状接近于圆形或者方形,较为规整。聚落边界清晰,通常由寨门、屯墙和其他围护结构共同组成。聚落空间主次结构明显,祠堂、庙宇等公共建筑往往作为核心坐落在中心位置,其他建筑围绕着它们布置,形成聚落向心性的布局。

团块状的屯堡聚落更利于军事防御，明代以前贵州地域人口以少数民族为主，军事移民来到此处驻扎，难免会与少数民族产生矛盾和摩擦，对于在异乡固守的屯堡聚落，集中式的团块状聚落形态无疑是汇集兵力、抵御侵犯的最佳选择。贵州地区团块状屯堡聚落的代表有鲍家屯、雷屯、本寨等。

（二）条带状的屯堡聚落

条带状的屯堡聚落通常是位于峡谷之间，是重要军事据点，因平坦地势少只能顺应峡谷地势，呈条带状发展。云山屯最初便是利用峡谷地形控制着军事咽喉位置的屯堡聚落。也有一些条带状的屯堡聚落是由团块状发展而来，由于屯堡的军事意义减弱，一些屯堡产生了新的产业和居住模式，屯堡人为了更便利的生活和贸易条件，从屯堡的内部迁出，搬至交通便利、耕地充裕的屯堡外部，逐步将小规模的团块状屯堡发展为沿交通干线延展的条带状。这种类型的屯堡以讲义寨最具代表。讲义寨原本坐落于山顶之上，主要发挥碉堡布防之用，随着贵州地区局势逐步稳定，讲义寨功能由驻军布防转变为屯田，开垦耕地和保障交通成为聚落新的功能，因此，士兵及家眷纷纷下山从事农耕，逐步形成了现今的条带状屯堡聚落形态。

（三）不规则形状的屯堡聚落

贵州有大量屯堡聚落没有明显规则的形态，聚落空间有自由发展的特征，而这类聚落多是从团块状屯堡聚落形态发展而来。由于团块状屯堡规模较小，随着屯堡不断发展，原本的屯堡形态不能满足规模扩张的需求，屯堡人只得突破原有的聚落形态，在屯堡外围寻找适宜开拓发展的土地，由此形成了不规则的屯堡形状。这类屯堡的典型代表是九溪村、山京村等。

九溪村在逐步扩张规模的过程中，逐步形成了大堡、小堡、后街"三村合一"的不规则形态。

总的来说,贵州屯堡聚落形态以团块状为主,这与屯堡的军事功能密切相关,在屯堡的发展过程中,屯堡聚落形态在贵州特殊的喀斯特地形的作用下逐步演化,形成了贵州地区多样的屯堡聚落形态。

二、贵州屯堡聚落的内部空间特征

(一)中心式的布局

贵州屯堡聚落多以主街和场坝作为主要公共空间,主街和场坝往往联系在一起成为屯堡的中心,屯堡中的街巷和建筑均以主街和场坝为骨架向四周发展,而庙宇、祠堂、戏台等空间节点则呈点状散布在聚落之中。

屯堡人在主街、场坝和其他公共空间节点中进行一系列的公共生活,突出了聚落的中心式结构,强化了屯堡的凝聚力。吉昌屯的主街宽十米,汪公庙位于主街之上,重要节庆时人们聚集在主街上举行仪式,在佛事活动中,主街还是屯堡人吃斋饭的地方,桌椅从寺庙中一直摆到主街上,人们汇集在一起吃斋、拜佛。屯堡人是移民到异乡固守边陲的人,中心式的空间布局能加强屯堡内部团结,将屯堡人紧紧凝聚在一起,利于他们共同防御外来侵犯。

(二)紧凑式的布局

贵州屯堡聚落多是布局紧凑,建筑密度较高,大多数屯堡聚落的建筑密度都在40%以上,二官屯的建筑面积更是高达60%[1]。因此,屯堡聚落就有街巷狭窄、庭院空间小、公共建筑体量小等特征。屯堡紧凑的布局形式一方面是出于对土地高效利用的考虑,另一方面则是出于提高聚落防御性能的考虑。

(三)防御式的布局

贵州屯堡聚落巧妙地利用地形、聚落边界、聚落内组团和建筑单

---

[1] 杜佳.贵州喀斯特山区民族传统乡村聚落形态研究[D].杭州:浙江大学,2017.

体形制,构建起四层防御体系。由外向内,首先是利用屯堡外围的高山和险水作为天然屏障,以山为卫,以水为障,形成屯堡的第一层防御体系;其次,聚落的屯墙、屯门,以及其他屯堡边缘的构筑物,共同构建起屯堡的第二层防御体系;再者,聚落内部以街巷和巷门划分成多个组团,各个组团则是屯堡的第三层防御体系,当有敌人入侵时,组团关闭巷门,将入侵者关在组团内以便将其制服;最后,屯堡内的单体建筑多有高大的外墙,墙上设有外窄内宽的射击窗口,建筑中还自带碉楼以便瞭望,每家每户都是一个防御单体,可以自立为堡,这便是屯堡的第四层防御体系。

三、贵州屯堡聚落的空间组成

(一)街巷

1.街巷的功能

屯堡聚落中的街巷空间具有复合功能,除了基本的交通功能、排水防洪功能和生活休闲功能外,屯堡的街巷空间还承担着极具特色的军事文化传播功能、网络防御功能和驿站商贸等功能。

屯堡街巷空间作为聚落的主要公共活动空间通常具有重要的军事文化传播功能,在古代便是军事操练和地戏表演的场所,直至今日也是以军事征战故事为主要内容的地戏表演场地,还是屯堡人节日庆典和祭拜仪式的主要场地。可见,承载着各种军事文化活动的屯堡街巷空间潜移默化地在屯堡中传播着精忠报国、英勇向前、崇军尚武的思想。

屯堡的街巷空间还在聚落中构建起了网络防御体系,虽然街巷多以主街、场坝作为骨架延展,但主街之外的街巷纵横交错、蜿蜒曲折,每隔几米便会有转折或者交叉口,让街巷网络宛若迷宫。这样的街巷布局能够让入侵的敌人迷失方向,具有阻碍敌人行动的困敌作用。在屯堡街巷内还设有如巷门、栅门等多重防御设施,增强了街巷的防御功能。

屯堡作为军事驿站,拥有便利的交通条件,有优良的商业贸易基础。随着屯堡功能转变和规模扩张,部分屯堡逐渐成为物资集散之地,具备了贸易交流的功能,甚至发展成为地方的经济中心,如天龙屯和旧州等,而街巷正是商贸活动的主要场所。屯堡中的街巷两侧多店铺,建筑前面是开敞式的商铺和柜台,后面是庭院和居住空间,因此,屯堡的商贸空间沿街巷呈带状分布。

2.街巷的组成和结构

贵州屯堡的街巷有明显的主次关系。在规模较小的屯堡聚落中,往往只有一条主街,垂直于主街的是支巷,街巷只有两级结构。在规模较大的屯堡聚落中则有主街、次街、支巷三种等级的街巷关系。主街一般都是屯堡的中轴线,是屯堡人公共活动的核心空间,尺度较宽,通常为3—6米,在主街上的场坝空间宽度则可达10米以上。次街是主街的补充,宽度一般为2—3米,有疏散主街人流、通达屯堡内部空间的作用,次街与主街的交接关系依据地形和功能的不同而各有差异。支巷的尺度最小,往往只有1—2米宽,有些街巷仅够一人通过,主要发挥连接功能,将主街、次街连接成网络,共同形成屯堡的公共交通体系。

贵州地区地形复杂多变,因此屯堡聚落的街巷结构也灵活多样,常见的街巷结构有鱼骨结构、网状结构和发散结构。鱼骨结构的街巷空间一般以主街作为骨架,次街垂直于主街布置,街巷主次结构清晰,以吉昌屯、天龙屯、猴场为典型代表。网状结构街巷纵横交错,没有明显规律,但防御性能较高,以二官屯、本寨和高官堡为代表。发散型的街巷空间则是以屯堡的场坝空间为核心,向外发散发展,街巷有一定的空间结构秩序,以鲍家屯和雷屯为代表。

(二)场坝

屯堡中的场坝是平坦开阔的场地,一般位于屯堡中心,呈面状与主街结合,是聚落的公共活动空间。场坝的一侧多设有戏台和庙宇等公共建筑。安顺雷屯的场坝周边就设有巷门、永兴寺、水井等公共设施和公共建筑。此外,场坝还是士兵的操练之地和地戏表演场所,具有浓郁的文化属性。

(三)屯门和巷门

屯门是屯堡聚落与外界联系的路口,一般在屯堡外围的多个方向设置,有主次之分。主屯门通常能形成一定面积的公共空间,是人们来往交流的场所。由于入口空间往往是聚落防御的重点环节,屯门上常常设有箭楼,高大威严,以便瞭望放哨,以云山屯屯门为代表。有些屯堡的屯门与碉楼直接连为一体,有2—4层,碉楼上有瞭望窗口和射击孔,以本寨寨门为代表。

巷门是指屯堡中巷道的入口,通常有拱券和方券两种形式,宽1—2米,高2米左右,尺度较小。巷门的设置是出于屯堡聚落空间分割和军事防御的考量,形制朴素。巷门还增添了街巷空间的序列节奏,使屯堡街巷空间呈现出独特的空间限定关系。

(四)水口

水口是指屯堡聚落中水流出入之处,因为在风水中水代表着财富,所以水口在屯堡聚落中往往是重要的空间节点。贵州屯堡通常在水口处布置庙宇,以祈求平安、镇煞辟邪。本寨屯堡中的青龙寺便建于聚落的西南角水口处,是屯堡重要的精神文化中心。屯堡水口处还常兴建堤岸、水坝等水利设施和水碾房等生活设施,鲍家屯修建的水利设施就有"贵州小都江堰"的美称,将河水分流,作为农业灌溉和生活用水之用。部分没有天然河流的屯堡聚落会人工开凿水渠,营造水口,天龙屯便是代表。

(五)水井

贵州屯堡聚落中通常有多个水井,常坐落于村口、场坝、主街处。屯堡中的水井主要有两种类型,较常见的是小型口井,位于聚落内部,尺寸较小,多位于主街上;另一种是宽井,尺寸较大,位于聚落外部,能形成较大的公共空间。水井是屯堡人生产、生活的必需场所,往往是人们重要的交流空间,也是特殊的精神文化空间。屯堡人依井而居,水井保障了人们的生活需求,让屯堡能够挣脱河流水源的限制,在选址、布局和发展方面获得更大的自由。

第五节 贵州屯堡建筑类型及形制

一、军事建筑

(一)碉楼

碉楼是屯堡聚落中主要的防御建筑,碉楼往往与民居连成一体,位于厢房的一侧。一方面碉楼是屯堡聚落组团防御的核心;另一方面与屯门、路口、聚落中心密切联系。贵州屯堡碉楼的外墙材料多选用贵州地域盛产的喀斯特方块岩石,内部则是木结构。碉楼平面呈正方形,高度有三到五层,外墙厚度下厚上薄,厚度为1.5—0.5米,一般四面设有瞭望口和射击孔,屋顶常见的为封闭的歇山顶或者是可供瞭望的开敞式歇山顶。

屯堡聚落中的碉楼有明显的大小之分。小型碉楼为三到四层,空间狭窄,通常与民居连为一体,日常作为仓库使用,战时才发挥瞭望和射击的功能,典型代表有本寨的王家碉楼。中型碉楼多建于清朝晚期,因此在石材选择、建造技艺方面都更加细腻,鲍家屯的鲍炳成碉楼是典型代表,碉楼也与民居连为一体,高度为6层,有18米左右,碉楼内部约4.5米×4.5米,内部的墙体和地面均用大块条石砌筑,楼板和楼梯等为木制,碉楼不开窗,但四面均设有射击孔,屋顶为开敞的瓦片歇山顶。大型碉楼在贵州较少见,以云山屯碉楼为代表,高度为三层,内部开间进深约8米×5米,墙体十分厚实,开有小窗和射击孔,大型碉楼能同时满足防御和居住的需求,更像是具有极强防御功能的大型住宅。

(二)屯

屯是屯堡聚落中的临时避难场所,有洞屯、山屯、水屯等多种类型。山屯一般坐落于聚落附近的山体高处,具有隐蔽性的同时利于观察敌情。山屯常利用当地石材砌筑墙体,内部有巡逻通道,还修建有坚固的石屋,屯内储藏粮食,在屯堡人遇到危险时就会到山屯避难。山屯在贵州地区比较常见,在鲍家屯、雷屯、吉昌屯都有山屯。

贵州地区的屯堡人常利用天然喀斯特溶洞作为储藏粮食和临时避难的场所,被称为洞屯。洞屯有大小之分,大的洞屯可以容纳过百人,以秀水村的洞屯最具代表。

水屯是指利用水系作为屏障进行避难的场所,一般是三面环水或者四面环水,在贵州十分少见,周官屯聚落前有三面环水的河湾平地,具有修建水屯的良好条件,因此,周官屯村民在河湾平地上砌筑石墙,修建避难场所,并在第四面开凿水渠,形成了四面环水的水屯孤岛。

二、祠庙建筑

(一)宗祠

屯堡聚落中的大姓人家往往修建宗祠,宗祠是家族供奉历代祖先的场所,也是家族祭祖、议事、办红白喜事的重要空间。贵州屯堡聚落的宗祠通常比较简单朴素,多为合院式,结构为穿斗式与抬梁式的结合,外石内木。在历史发展过程中,贵州屯堡的宗祠遗存已经不多,保存较好的是詹家屯的叶氏宗祠。叶氏宗祠为合院式,正房为祭祀空间,为三开间,两侧厢房为附属用房,整体呈现出中西合璧的风格特征,有拱券式的石门和窗扇,屋顶为硬山顶,以石板为瓦,建筑高大雄伟,象征着家族的繁盛。

(二)庙宇

贵州屯堡聚落有儒释道"三位一体"的泛神信仰,体现在寺庙建筑中则表现为儒释道一体的寺庙建筑，同时也有专门祭拜汪公、土地神和财神的庙宇。屯堡庙宇的选址既与聚落选址相结合，又与地形、山水相协调，可以分为村内庙宇和村外庙宇。村内庙宇一般与场坝、水口、屯门等空间相结合，形成一定的轴线关系，彰显庙宇的地位。九溪村由大堡、小堡和后街组成，村内有青龙寺、龙泉寺、汪公庙三座庙，供奉着不同的神灵，在祭拜仪式上也有所差别，每座庙宇都在聚落中都形成了一定的轴线关系。

村外庙宇一般位于聚落旁边的山林，离村寨不远，地势较高，平时有信徒常驻，有重要活动时，聚落中的信众便会聚集在庙宇内举办仪式。鲍家屯的太平寺坐落在村寨附近的山间，云山屯位于山腰，而屯堡外的云鹫寺就在山顶，天龙屯外的伍龙寺也位于云台山山顶。屯堡聚落村外的庙宇的影响范围往往超过屯堡本身，能够辐射数十公里，成为周边村寨的精神信仰中心。

（三）土地庙

土地神崇拜是贵州地区最普遍的民间信仰之一。屯堡聚落中的土地庙多位于路口、水口、山口等边界位置，有着"保一方平安"的内涵，同时也是屯堡人划定聚落内外关系和感知聚落心理边界的方式。在土地庙门前，多会形成一处公共空间，供人停留祭拜，在一些屯堡聚落，跳地戏等民俗活动会以土地庙作为重要的开展空间，因此，土地庙往往是屯堡的重要公共活动场所。

三、民居建筑

贵州地区屯堡聚落的民居为外石内木建筑，外部以高大的石墙承重，内部为木结构，采用抬梁式和穿斗式相结合的方式。屯堡民居通常是三至五开间，为合院式布局，多为三合院或四合院，院落有一进院落、两进院落和多进院落之分。

一进院落是最为常见的屯堡民居形式。一进院落的三合院由正房和两侧的厢房组成，另外一侧则是墙体。正房多是坐北朝南，堂屋供奉祖先,两侧次间是主人的卧室。部分屯堡民居的东西厢房会抬高一米左右,二层是卧室,一层则用来储藏和圈养牲口。院门通常开在厢房一侧,上部作为储藏间使用。院落平时则用来晾晒和休憩。一进院落的四合院民居规模较大,院落居中,院门开在厢房一侧,布局与三合院类似,但在北侧另设有厢房。

两进院落是在一进院落的基础上再增设一个四合院,新增的四合院形制与一进院落一致,也由正房和两侧的厢房组成,第二个院落的院门开在第一个院落正房的旁边,一般是窄门或者小道。在两进院落中,第二进院落的正房地位最高。多进院落是在纵向和横向上拼叠院落,纵向的院落与正房垂直的院落,横向的院落则与正房平行,只有经济十分富裕的人家才有多进院落,最后一进院落一般供杂役所用。

四、教育与娱乐建筑

贵州的屯堡聚落多设有学校传播儒家思想,学校建筑一般位于聚落的尽端或者中部,明朝时期的学校建筑多为独栋,在晚清时期则多为合院式。屯堡的独栋学校形制较小、简单古朴,合院式的学校则设有多个功能,有教学楼、图书馆、礼堂等,礼堂多位于中轴线上,是院落的中心,教学楼设置在礼堂两侧。

屯堡中的娱乐建筑有戏台和演武堂,戏台常作为庙宇的附属,设置在庙宇内,如雷屯的永丰寺就设有戏台,位于大殿对面院落出入口的二层。在庙宇面积较小的聚落,戏台则独立设置,云山屯的古戏台便是设置在云山屯的主街上,与财神庙对望,主街为戏台提供了宽敞的观戏场坝,戏台为单层的、三面开敞的建筑,被石台基抬高,两侧设有美人靠,由四根立柱支撑起屋顶。演武堂是贵州屯堡聚落中用于表演地戏的建筑,是随着地戏的发展而产生的。原本地戏只是在平地、场坝中表演,后来随着旅游业的兴起,屯堡需要有可以室内看戏的场所,因此,演武堂逐渐发展起来。天龙屯的演武堂是与民居相似的建筑,为三合院,戏台位于正房的位置,两侧的厢房为观众休息区。演武堂是屯堡建筑的创新性创举。

本章小结

本章系统地介绍了贵州屯堡文化,从贵州屯堡的形成与发展、贵州屯堡的类型与社会组织结构、贵州屯堡的信仰与民俗、贵州屯堡聚落空间形态、贵州屯堡建筑类型及形制五个方面进行了解读。

贵州屯堡的形成主要得力于明朝的"调北征南"和"调北填南"政策,屯堡的发展则是受"改土归流"政策的影响,主要经历了三个阶段,军户屯田阶段、军屯转变为普通聚落的阶段、屯堡聚落衰败阶段或者屯堡多元经济发展阶段。贵州屯堡主要分布在黔中地区,空间分布模式有两种,一是沿交通要道大量分布屯堡聚落,二是在驿道附近的田坝平坦区大量分布屯堡聚落。

贵州屯堡主要有三种类型:军屯、民屯和商屯。屯堡的社会组织结构主要有两种,一种是血缘型结构,另一种是血缘与地缘结合型结构。

贵州屯堡的宗教信仰主要有儒释道"三教合一"的多神信仰,还有对英雄人物的崇拜。贵州屯堡的民俗文化则以地戏最具代表性,跳花灯和山歌也是屯堡重要的公共娱乐活动,另外还有晒菩萨、马王会等其他独特习俗。

贵州屯堡聚落的整体形态有团块状、条带状和不规则形状等多种类型,内部空间也有多重特征,包括中心式布局特征、紧凑式布局特征和防御式布局特征。贵州屯堡聚落空间由街巷、场坝、屯门、巷门、水口、水井等要素组成,各要素有机地组合在一起。

贵州屯堡的建筑类型丰富,包括了军事建筑、祠庙建筑、民居建筑、教育建筑和娱乐建筑等多种类型。其中军事建筑以碉楼、坉为代表,祠庙建筑以宗祠、庙宇、土地庙为代表,民居建筑则以三合院和四合院为常见形式,又分为一进院落、两进院落和多进院落的不同形制,教育建筑以明代和清代的学校建筑为代表,娱乐建筑则以戏台和演武堂为代表。

思考与讨论

贵州屯堡文化作为贵州汉文化的重要来源,与贵州地域少数民族文化相互交融的表现有哪些呢?

推荐阅读书目

[1]翁家烈.夜郎故地上的古汉族群落:屯堡文化[M].贵阳:贵州教育出版社,2002.

[2]李建军.屯堡文化研究(2012卷)[M].北京:社会科学文献出版社,2014.

[3]越剑.河里的石头滚上坡——贵州安顺屯堡民居[M].贵阳:贵州科技出版社,2015.

第七章 贵州古建筑文化

贵州堪称古建筑文化的百花园，从石器时代至清朝末年，再到近现代，贵州地区积累了大量文化遗址。截至2022年，贵州地区已有81处文化遗址被纳入全国重点文物保护单位（表7-1），有636处文化遗址被纳入贵州省重点文物保护单位，其中全国重点文物保护单位中的古建筑共计36处，贵州省重点文物保护单位中的古建筑共计有199处，可见，古建筑遗址是贵州文化遗址的重要组成部分。

表7-1 贵州省全国重点文物保护单位一览表

序号	文物单位名称	市	年代	公布类型
1	遵义会议会址	遵义市	1935年	近现代重要史迹及代表性建筑
2	杨氏土司墓群（杨粲墓）	遵义市	宋	古墓葬
3	大屯土司庄园	毕节市	清至民国	古建筑
4	增冲鼓楼	黔东南州	清	古建筑
5	青龙洞	黔东南州	清	古建筑
6	息烽集中营旧址	贵阳市	1937—1946年	近现代重要史迹及代表性建筑
7	奢香墓	毕节市	明	古墓葬
8	穿洞遗址	安顺市	旧石器时代	古遗址
9	大洞遗址	六盘水市	旧石器时代	古遗址
10	黔西观音洞遗址	毕节市	旧石器时代	古遗址

续表

序号	文物单位名称	市	年代	公布类型
11	可乐遗址	毕节市	战国至汉	古遗址
12	天台山伍龙寺	安顺市	明、清	古建筑
13	石阡万寿宫	铜仁市	明	古建筑
14	云山屯古建筑群	安顺市	明	古建筑
15	福泉城墙	黔南州	明	古建筑
16	郎德上寨古建筑群	黔东南州	明、清	古建筑
17	海龙屯	遵义市	宋至明	古遗址
18	安顺文庙	安顺市	明	古建筑
19	地坪风雨桥	黔东南州	清	古建筑
20	宁谷遗址	安顺市	汉	古遗址
21	万山汞矿遗址	铜仁市	唐至清	古遗址
22	交乐墓群	黔西南州	汉	古墓葬
23	织金古建筑群	毕节市	元至清	古建筑
24	马头寨古建筑群	贵阳市	元至清	古建筑
25	东山古建筑群	铜仁市	明至清	古建筑
26	阳明洞和阳明祠	贵阳市	明至清	古建筑
27	寨英村古建筑群	铜仁市	明至清	古建筑
28	思唐古建筑群	铜仁市	明至清	古建筑
29	飞云崖古建筑群	黔东南州	明至清	古建筑
30	旧州古建筑群	黔东南州	明至清	古建筑
31	文昌阁和甲秀楼	贵阳市	明	古建筑
32	葛镜桥	黔南州	明	古建筑
33	黔东特区革命委员会旧址	铜仁市	1934年	近现代重要史迹及代表性建筑
34	黎平会议会址	黔东南州	1934年	近现代重要史迹及代表性建筑
35	红军四渡赤水战役旧址	遵义市	1935年	近现代重要史迹及代表性建筑

续表

序号	文物单位名称	市	年代	公布类型
36	川滇黔省革命委员会旧址	毕节市	1936年	近现代重要史迹及代表性建筑
37	"二十四道拐"抗战公路	黔西南州	1936年	近现代重要史迹及代表性建筑
38	湄潭浙江大学旧址	遵义市	1940—1946年	近现代重要史迹及代表性建筑
39	和平村旧址	黔东南州	1941—1944年	近现代重要史迹及代表性建筑
40	龙广观音洞遗址	黔西南州	旧石器时代至新石器时代	古遗址
41	普安铜鼓山遗址	黔西南州	战国至西汉	古遗址
42	茶马古道	四川、云南、贵州	唐至民国	古遗址
43	务川大坪墓群	遵义市	汉	古墓葬
44	兴义万屯墓群	黔西南州	东汉	古墓葬
45	平坝棺材洞	安顺市	唐至民国	古墓葬
46	惠水仙人桥洞葬	黔南州	明至清	古墓葬
47	黔南水族墓群	黔南州	明至清	古墓葬
48	小冲墓群	六盘水市	明至民国	古墓葬
49	明十八先生墓	黔西南州	清	古墓葬
50	鲍家屯水利工程	安顺市	明	古建筑
51	镇远城墙	黔东南州	明至清	古建筑
52	安顺武庙	安顺市	明至清	古建筑
53	隆里古建筑群	黔东南州	明至清	古建筑
54	石阡府文庙	铜仁市	明至清	古建筑
55	榕江大利村古建筑群	黔东南州	明至清	古建筑
56	楼上村古建筑群	铜仁市	明至民国	古建筑
57	岩门长官司城	黔东南州	清	古建筑
58	锦屏飞山庙	黔东南州	清	古建筑
59	高阡鼓楼	黔东南州	清	古建筑

续表

序号	文物单位名称	市	年代	公布类型
60	宰俄鼓楼	黔东南州	清	古建筑
61	金勾风雨桥	黔东南州	清	古建筑
62	鲁屯牌坊群	黔西南州	清	古建筑
63	复兴江西会馆	遵义市	清	古建筑
64	三门塘古建筑群	黔东南州	清至民国	古建筑
65	敖氏和罗氏墓群石刻	毕节市	清	石窟寺及石刻
66	尚稽陈玉璧祠	遵义市	清	近现代重要史迹及代表性建筑
67	兴义刘氏庄园	黔西南州	清至民国	近现代重要史迹及代表性建筑
68	茅台酒酿酒工业遗产群	遵义市	清至民国	近现代重要史迹及代表性建筑
69	王若飞故居	安顺市	1896年	近现代重要史迹及代表性建筑
70	述洞独柱鼓楼	黔东南州	1922年	近现代重要史迹及代表性建筑
71	重安江水碾群	黔东南州	明	其他
72	正安尹道真务本堂	遵义市	明清	古建筑
73	镇远天后宫	黔东南州	清	古建筑
74	玛瑙山营盘遗址	遵义市	1857年	近现代重要史迹及代表性建筑
75	贵阳达德学校旧址	贵阳市	1901—1950年	近现代重要史迹及代表性建筑
76	猴场会议旧址	黔南州	1934年	近现代重要史迹及代表性建筑
77	苟坝会议旧址	遵义市	1935年	近现代重要史迹及代表性建筑
78	天门河水电厂旧址	遵义市	1943年	近现代重要史迹及代表性建筑

续表

序号	文物单位名称	市	年代	公布类型
79	邓萍墓	遵义市	1958年	近现代重要史迹及代表性建筑
80	三线贵州航空发动机厂旧址	安顺市	1965年	近现代重要史迹及代表性建筑
81	三线贵州歼击机总装厂旧址	安顺市	1966年	近现代重要史迹及代表性建筑

资料来源：贵州省人民政府官网。

贵州古建筑品类极多，有悠久的历史，同时还有浓郁的民族特色和地方特点，是贵州地域文化的重要物质空间呈现，对理解贵州地域文化的形成、发展与特征具有十分重要的意义。

第一节　贵州古建筑文化发展脉络

一、石器时代

贵州地区目前已经发现了75处旧石器时代的遗址，其中有37处是旧石器时代与新石器时代的重叠遗址。几乎每个时期的旧石器文化都可以在贵州的遗址中找到代表，但是，贵州新石器时代的遗址较少，新石器时代是人类走出"洞居"开始地面居住的时期，地面建筑开始形成规模，因此遗址较难保存。不过这也侧面说明，贵州早在石器时代就有了地面房屋建筑。六枝老坡底遗址是贵州目前发现的最早的古建筑遗址，面积有数万平方米，是石器时代的特大规模露天遗址，遗址中发掘了房屋和围栏，房屋呈方形，房屋中设有火塘。

二、战国秦汉时期

赫章可乐遗址是战国至西汉时期的遗址，在遗址中发现了板瓦和筒瓦，瓦上装饰有绳纹，另外还有人物、牛车图案和铭文的砖，这说明当时已经有大型的房屋建筑。在安顺宁谷的汉朝遗址中，出土了大量的瓦当和瓦片，瓦当上有隶书铭文，内容为"长乐未央"，说明当时宁谷拥有着富丽堂皇的高规格、大规模建筑，宁谷遗址出土的其他文物也表明当时的宁谷一带是中央在西南地区设置的地方政权中心。此外，在贵州的兴仁交乐汉墓群和仁怀大渡口墓群中都曾出土了杆栏式民居的陶屋模型，表明当时的民居已经极具地域特点。汉代在贵州出现的杆栏式建筑对贵州地域民间建筑文化的发展有极大的影响，时至今日，贵州地域的山岭之间，杆栏式的吊脚楼仍然举目皆是。

三、三国时期至元代

在三国时期，贵州属于蜀汉，在各地遗留下了大量军事遗址，如"孟获屯""诸葛营""孔明塘"等。在孟获屯遗址中，还遗存有石臼、石墙、屯门等建筑遗迹。时至宋元时代，贵州地区修建了大量城墙，留下了宋代松桃平头司城城墙遗址和望谟蛮王城城墙遗址等，元代的城墙遗址则有紫云、弘州城城墙遗址，桐梓鼎山城城墙遗址等。宋元时期的贵州城墙遗址多为夯土墙，也有石墙，多顺山势修建。元代贵州地区由各级土司管理，因此各地建有土司衙署，如安抚司、宣抚司、长官司等，很多现存的土司衙署遗址仅剩部分石台阶和石柱础。

宋元时期，中原文化得以在贵州深入传播，贵州地域出现了一批书院建筑和寺观建筑。南宋年间修建的銮塘书院是贵州省内发现的最早的书院，而寺观建筑则存有南宋时期的思南家亲殿遗址、安顺清凉洞遗址，以及元代的石阡伴云寺遗址和铜仁正觉寺遗址。宋元时期贵州地区的桥梁，现存有两处，是南宋遵义的普济桥（俗称"高桥"）和遵义的巨济桥（俗称"下塌水桥"）。

可见，三国时期至元代，贵州的古建筑类型丰富，有城墙、衙署、屯堡、道观、书院、寺庙、桥梁等等，气势不凡，应有尽有。

四、明清时期

明清时期贵州遗存的古建筑种类更多，同样极具地方特色。贵

第七章 贵州古建筑文化

州作为明清时期的重要军事战略地区,中央政府在重要城镇和驿道都布设了防御设施。明代,贵州许多城镇的土城墙被改造为石城墙,如镇远、赤水等。中央政府还在交通要道上设置碉楼、关隘、营盘、屯堡等,在贵州地区构建起了完善的军事建筑体系。此外,明清时期贵州还兴建了一批衙署建筑,现有遗存70多处。民居建筑中以少数民族的土司庄园最为出众,彝族土司庄园布局自由,建筑在山墙、望柱、栏板等处雕刻或绘制有"虎头纹"浮雕,以展现彝族的"虎崇拜"文化。

改土归流后,贵州的民族文化得到了极大发展,"流官"在贵州地区大力发展教育事业,兴建了一批书院建筑,推行科举制度,修考棚、设学官、办义学等举措,在贵州形成了教育风气。因此,与文化教育相关的建筑拔地而起,如甲秀楼、文昌阁、魁星楼、文笔塔等。在贵州,与文化教育息息相关的古建筑就有200多处。

随着广大汉族移民在贵州地区扎根繁衍,汉文化在贵州地域广泛传播,各地兴起修建祠堂、庙宇、道观、佛寺之风。在平远城(今织金),仅康熙五年至康熙十年的6年间,就修建了10余处庙宇,如财神庙、地藏寺、东山寺、马王庙、城隍庙、炎帝庙、黑神庙、隆兴寺、斗姥阁、文庙、武庙等,而贵州省内这类明清建筑现有遗存的就有800余处。贵州的佛寺道观受山地地形影响,布局灵活,采用杆栏式吊脚楼建筑,体现出地域特色,并且各宗教文化共存于一座山中,甚至儒释道齐聚一堂,彼此融合,成为贵州多元文化和谐共生的文化关系缩影。明清时期,贵州还有一些独有的庙宇建筑,如苗王庙、黑神庙等,苗王庙祭拜的是苗族入黔始祖,以缅怀"苗王"无名氏在开拓苗岭山区时的丰功伟绩,在榕江、台江等地较多见。黑神庙则是专门祭祀唐代忠臣南霁云的庙宇。

明清时期,贵州商贸活动频繁,许多商人和手工业者移居贵州,成立了各种外地工商行"同乡会",并修建起了各省的会馆建筑。江西会馆全省有40余座,有万天宫、万寿宫、仁寿宫等;湖南会馆全省有

30余座,有两湖会馆、湖广会馆、禹王宫、寿佛宫、三楚宫等;福建会馆贵州有10多处,有娘娘庙、天后宫等;四川会馆贵州也有10多处,有川主祠、川主庙、川主宫等。自明永乐年间贵州建省后,贵州地区的交通体系建设得到了巨大发展,据记载,明清时期修建的桥梁就达500多座,驿道、栈道、盐道、粮道、纤道等古道70多条,渡口码头60多处。

第二节　贵州古建筑案例

贵州古建筑最大的价值在于古建筑群与人文景观。分布在贵州各地的不同古建筑展现着贵州鲜明的地域特色,蕴涵着贵州丰富的人文历史。朗德上寨的苗族建筑群用木吊脚楼讲述着苗家人的生动生活,大屯土司庄园的恢宏彝族建筑展现着土司制度下的少数民族生活图景,天龙屯堡折射出大明风范和贵州风韵,黄平飞云崖的古园林用光影吟唱着古代时光。贵州的每一处古建筑都是贵州地区多样历史的断面,体现着贵州地域丰富的文化色泽。

一、雷山朗德上寨

雷山县朗德上寨是贵州苗族人文景观和自然景观的典型代表,是国家文物保护单位、贵州省民族文物村,享有中国人民共和国文化和旅游部授予的"中国民间艺术之乡"的美誉,还是"全国百座露天博物馆"之一,有"中国民间歌舞艺术之乡"的美称。朗德上寨还是2008年北京奥运会火炬传递的路线之一,被评价为景致最精美的火炬传递路线。

在苗语中,"朗"是"河流下游"的意思,而"德"是村寨前面河流的名字,"朗德"在苗语里的意思就是"德河下游的村寨"。朗德是黔东南雷山县朗德镇下的民族村寨。分为上寨和下寨两个部分,朗德上寨共居住有100多户人家,500多人口全是苗族。村寨犹如秀美的宝石,镶嵌在半山腰上,寨子前面是阳光充足、灌溉方便的肥田,竹林茂密,寨子里的苗族建筑历史悠久,蕴涵着苗族人的生产生活文化,寨内村民关系和睦,自觉的文化保护意识,使得朗德上寨成了贵州天然的苗族村寨展览馆,寨中无论是建筑布局、空间功能、建筑工艺还是民间习俗,都独具苗族特色,是活态的贵州苗族物质文化遗产和非物质文化遗产。

朗德上寨的建筑依托山体等高线排布,总体上是内聚向心式的布局,村寨的核心是铜鼓坪。寨中的建筑、道路、水塘等都围绕着铜鼓坪布置,形成了紧凑集中的整体空间格局。朗德上寨现拥有两个铜鼓坪,小的铜鼓坪是原始的村寨核心,位于村寨的地理中心,随着旅游业蓬勃发展,小铜鼓坪不能满足使用需求,因此,在小铜鼓坪附近的一片较大面积的空地上增设了大铜鼓坪,这样两个铜鼓坪都位于村寨的中心位置。开阔的铜鼓坪与重叠紧密的苗族民居建筑以及狭窄弯曲的村寨道路形成对比,呈现出朗德上寨开合有致、疏密有序的空间关系。

朗德上寨的道路自由分布、极富变化,由于寨内坡度较大,道路多采用"之"字形来消化坡度,因此,村内道路给行人带来了一步一景的丰富视觉感受。朗德上寨沿河流发展,寨内水系空间形态十分多样,大致可以总结为三种水系空间类型:一是线状的河流,村寨毗邻单江河,满足了村寨主要的农业水源需求;二是点状的泉井,是村寨内重要的生活水源;三是面状的水塘,分散分布于民居建筑之间,发挥着灌溉、消防、降暑等功能。多样的水系空间是苗族村寨顺应自然、注重生态的文化内涵体现。

寨门和风雨桥是朗德上寨的重要空间节点,村寨设有四座寨门建筑,但村民却说村寨有七个寨门,这是因为还有三座"无形的寨门",分别是溪河上的"板凳桥",路边上的"护寨树"和村口的"岩菩萨"。可见,苗族村寨对寨门的定义是指村寨的边界入口,并非仅是寨门建筑。风雨桥是苗族村寨公共建筑的标志,将苗族建筑工艺汇集于一体。风雨桥上设有长廊,桥下有桥墩,桥顶活泼灵动,多为歇山顶。朗德上寨共设三座风雨桥,是村民们休闲游憩的主要场所和重要的交通要道,同时也有堵风水、拦村寨的文化内涵。苗族村寨民居建筑布局密集紧凑,道路狭窄,但在寨门和风雨桥处多有较开阔的空间,丰富了村寨的空间层次。

朗德上寨的建筑是典型的苗族吊脚楼,与山地地形有机结合、布局灵活,形式不拘一格,形成了错落参差的丰富空间。建筑与铜鼓坪、寨门、风雨桥等空间节点相结合,共同构成了朗德上寨独具苗族特色的天然村寨博物馆。

二、安顺天龙屯和伍龙寺

(一)天龙屯

天龙屯位于安顺百里屯堡文化圈的东大门,自元朝起就是重要的军事驿站和关隘,有"蜀之唇、黔之腹、滇之喉"的军事定位,曾名饭笼驿、饭笼辅,1928年更名为天龙屯堡。天龙屯在2009年被国务院授予"中国历史名镇"的称号,被中华人民共和国住建部授予"中国屯堡文化之乡"的美称,是贵州屯堡文化的典型代表,至今已有600余年历史。

天龙屯堡拥有1200余户,人口超过5000人,是贵州目前最大的屯堡聚落。在明代,首批入黔建设天龙屯的始祖门为"张、陈、沈、郑"四大姓氏,其中身为"通政大夫"的陈典在天龙屯修建供来往人员住宿的塘房,其他三大姓氏则负责建屯驻军。

天龙屯作为军事防御的基层单位,建筑建造和空间布局完全出于军事需要,天龙人充分利用了当地的片石石材,构建起一个坚固的石头世界,当地就有这样一段顺口溜:"石头的瓦盖石头的房,石头的街面石头的墙,石头的碾子石头的磨,石头的碓窝石头的缸"。屯堡人运用石材构筑起丰富的建筑形态和空间形态,战时用于防御杀敌,闲时用于生产生活,同时也创造了贵州屯堡文化中的"石文化"奇景。

天龙屯以一条宽为3—5米的主街作为骨架贯穿起整个聚落,串联起屯堡的门楼、茶坊、练兵场、演武堂等公共建筑。以练武场为中心,街道围绕练武场交错分布,将各家各户紧密相连,街巷曲折深幽、宽窄不一,两侧石墙上设有兼作窗口的射击孔,街巷可以单独作为防御设施,也可与其他街巷和军事设施一起形成整体防御体系。

九道坎是天龙屯街巷中最具代表性的。街巷随地形地势而建,狭窄低矮,仅够两人擦肩而过,有些地方甚至只够一人猫着腰通行,巷道两侧的石墙达两尺厚,犹如堡垒一般。屯堡内的巷道既有贵州地域文化特点,又有江南文化遗风,在滨水街道上,沿街是商户人家,半开敞的商铺中摆放着石砌的柜台,石桥连接两头的石街,桥身上有精致的浮雕,营造出了江南水乡的风韵,行走在其间,耳边尚能传来江淮软语,望着小桥流水的美景,犹如行走在江南小镇。

天龙人,尤其是女性,至今仍保留着明朝凤阳的穿着习惯,喜欢穿凤阳汉装。凤阳汉装是一种蓝色的窄袖大襟长袍,长袍长及小腿,下身穿蓝色长裤,袍外围有黑色布裙,腰上系有长一丈二的飘带。天龙的已婚妇女头上通常会包帕子,年轻的已婚妇女包白色帕子,年长的包青色帕子。屯堡妇女还喜欢穿"凤头鞋",这是一种鞋头上翘的绣花鞋,包含着凤鸟归巢的思想情感。

(二)伍龙寺

在天龙屯外1.5千米处的天台山上,有一处鲜为人知的古迹雄踞于山石岩顶之上,形态天然,与山体融为一体,建筑空间组织和工艺都有着高超的手法,这就是极具历史和艺术价值的伍龙寺。伍龙寺在上山的险峻道路上设置了四座山门。第一道门位于山腰,门楣题有"黔南第一门",是伍龙寺建筑群的前导;第二道门为牌楼建筑,题有"天中之天"四个字,门后设有月台,台前刻有精美的云龙浮雕;第三道门是雕刻有"八仙过海"的拱券门,题的字却是"印中禅院"四字,体现出亦佛亦道的多神信仰，第三道门后是一个大月台，石壁上刻有"天山风云骤，台前色相幽。山深忘世界，寺古别春秋。"的五言绝句；第四道门是拱券门，上面刻有"清静禅院"四个字，下面则是寺名"伍龙寺"。

　　伍龙寺从外观上看犹如一座石头城堡，与四座山门相映衬。佛教最先在此处建寺，后来道家来到这里，在寺内又修建了玉皇阁，因此，伍龙寺是道教、佛教合为一体的庙宇。庙宇坐落在三角形的山顶位置，是两进的四合院，前院是佛寺，后院是道观。前院的佛殿由石台阶垫高，殿前两根立在石狮背上的大石柱，使佛殿显得尤其壮观、巍峨，佛殿两侧各有三间厢房，其中一间厢房是为了形成对称格局而修建的假壁。后院的正殿是三重檐的玉皇阁，左侧是祖师殿，右侧是关帝殿，由于道观是两层的阁楼，正面看上去高于佛寺，丰富了伍龙寺的立面层次感。利用山形在前院和后院的侧面还修建有"天街"能直达山顶。建筑群的最高处是望月台，可俯瞰台下深渊，远眺层云山峦。

三、毕节大屯土司庄园

　　贵州毕节乌蒙山区是以彝族为主体的多民族地区，在历史上曾是彝族土司掌管的区域。始建于清朝乾隆年间的大屯土司庄园，是我国目前唯一一座保存完好且规模最大的国家级文物保护单位。大屯土司庄园深60多米，宽50多米，占地面积3000多平方米，建筑面积约1200平方米。庄园坐东朝西，跟随地形逐渐升高，形成了三大台面，建筑群三路三进，以中间为核心，形成中轴线，空间错落有致、布局严谨。

　　庄园采用当地银灰色石材砌筑墙基，用青砖砌筑围墙，围墙高约5米，沿围墙设有6座土碉楼。土碉楼中过去常年驻守着百余位驻守庄园的士兵。庄园的门楼是高大的木制建筑，门楼内设有射击孔和瞭望口，门楼内还设有可容纳十多人活动的轿厅。园内主体建筑为三路三重殿宇,为唐朝建筑风格,气势恢宏、肃穆大气。走出轿厅就是精致的院落和庄严的大堂殿宇,大堂殿坐落在别致的半圆形17级青石台阶之上,台阶上雕刻有精美的龙虎图腾,以凸显大堂殿的华贵。大堂殿由立柱围合,十分高大,设有藏砚楼,西、南、北三面设有回廊,是土司接待贵宾、升堂断案、举办庆典的场所,枋料饱满宽厚,展现着土司的威严、权力和富有。

大堂殿宇的圆月形后门有石台阶与第二座殿宇的对厅相连,第二座殿堂设有起居室、书房、家丁居室和奴仆的房间,是土司庄园的生活枢纽。第二座殿堂之后是一处长方形的天井,由青色石材铺地。天井古朴宽大,十分气派。天井是土司制定军事战略、查阅将士武艺之处,同时也是土司日常习武的场所。在没有战事的时候,天井也是女眷们日常生活、休息之处。

天井之后是第三座殿宇,也是庄园的正房,东、西两面设有回廊,典雅舒适、清新庄重。第三座殿宇设有居室、书房,是土司日常起居之所,殿宇后面设有花园,静谧幽深,幽幽曲径通向南侧的两层绣楼。绣楼精致典雅,雕梁画栋,是土司小姐的日常居所。天井的北侧由月洞门连接通往西花园,花园环境幽静、草木繁盛、鲜花拥簇,花园的后角处设有阁楼,是土司的家族祠堂。彝族的自然崇拜中以"虎崇拜"最盛行,因此,祠堂以虎作为民族图腾,是庄园内最为神圣之地。

大屯土司庄园是贵州彝族土司制度在建筑空间组织上的呈现,是贵州土司制度下社会历史变迁的见证和缩影。大屯土司庄园的恢宏雄伟正是当时土司权利与财富的象征,在特定的历史时期与环境的造就下,一代又一代的土司居住在这座庄园中,指点着贵州地区的江山。

四、黄平飞云崖建筑群

黄平飞云崖始建于明朝正统八年,又名飞云洞、飞云岩、月潭、东山坡,在历史上被多位文人墨客题咏,留下了大量珍贵的诗词和文献资料。同时，由于飞云崖自元代以来便是北京至贵州、云南至缅甸等地的必经驿道，是古代南方的重要军事、贸易通道，也是中原文化向贵州源源不断输入的主要关口，因此，在多次的扩建增修的过程中，形成了丰富多样的古建筑群。

飞云崖以其秀丽、巍峨、挺拔、清幽的自然景观而著称，在明初便有僧人结庐在此，随后月潭寺出现，在此停留休憩的商人、旅客、文人、使者、官员等就络绎不绝。历经六百多年，经过不断的完善，形成了明清建筑与自然景观完美融合、佛寺道观与驿站合为一体、山水园林与少数民族文化相映成趣的独特古建筑群。早在1983年，飞云崖就被列为贵州省文物保护单位，在2006年荣升为全国重点文物保护单位。

飞云崖的大门是一座屏风式的砖石牌坊，门额上题有"黔南第一洞天"，下面则是"飞云崖"三字草书，两旁为精致的浮雕，内容为"八仙庆寿""二龙戏珠""天官赐福"等，下部镶嵌有青石狮子浮雕，枋柱上刻有对联。牌坊置于绿荫丛林中，与树木、崖壁相互交错，跟自然环境融为一体，既生动又别致。

飞云崖的建筑群由东、西两院组成。东院布局灵活，由藏经楼、接引阁、碑亭、长廊等组成。藏经阁是木结构建筑，单檐歇山顶，三开间，楼后是溪水、绿荫，并设有长41米的11间长廊。顺石台阶向上是滴翠亭，为单檐六角攒尖顶，亭前有精致石栏杆围合的方形鱼池，池上设有三孔石桥。鱼池后面是碑亭，亭内镶嵌有明清时期的各类石碑。顺着山路而上便是连接飞云崖的接引阁，飞云崖的嶙峋悬崖之上有飞洒的瀑布，攀登至此犹如置身云间，崖壁上有多处明清时期的摩崖石刻，崖前设有圣果亭和幽云亭，崖穿内立有石碑。

西院主要有三组建筑，分别为月潭寺、养云阁、萃秀园。云潭寺的山门是中西合璧的牌坊，原本的佛殿已毁，现存的是迁建于此的旧州文庙大成殿。养云阁是过去接待官员之处，四面环廊，屋顶十分别致,檐口和屋脊的两端向下弯曲,屋面隆起,养云阁前设有小院落和过厅"云在堂"。养云阁的侧面是萃秀园,院内花木繁盛,两侧设有供人休息的花厅,厅外小桥流水点缀着青山古寺。

飞云崖是贵州地区名胜古迹中获得题咏最多之处,山间留存有丰富的诗词、碑碣、摩崖、联语等,是贵州的"文化富矿",享有"黔中第一名胜"的美誉。由于飞云崖坐落在少数民族聚居的地区,每年的少数民族节庆都有各种民族盛会,赛马、斗牛、歌舞等娱乐活动精彩纷呈,有浓郁的民族风情。1988年成立的飞云崖民族博物馆收藏了大量当地苗族、布依族、侗族、彝族、水族、回族等少数民族节庆文物,为飞云崖增添了贵州地区的民族文化内涵。

五、镇远青龙洞建筑群

镇远位于贵州东部,是贵州与湖南接壤之处,在历史上具有重要的军事战略地位。青龙洞建筑群坐落在镇远县城东部,附崖建于舞阳河河畔,自明代中期便开始兴建,经历明清两代的积累,形成了极具特色的庞大建筑群。早在1988年青龙洞建筑群便被列为全国重点文物保护单位。

青龙洞古建筑群占地2.1万平方米,建筑面积有6165平方米,背靠中和山,面对舞阳河。中和山山势陡峭、悬崖挺拔、岩石突兀,山腰有多个喀斯特天然溶洞,包括青龙洞、紫阳洞、中元洞等。早在明初,道家便认为这里是"洞天福地",在这里兴建道观,有玄妙观和真武观,到了嘉靖年间,当地知府又在此处修建了紫阳书院,明代中叶后,佛教僧人捧钵而来,兴建了青龙洞寺和中山寺。经过明清两代五百多年的陆续修建,青龙洞成了儒释道多元文化与贵州自然山水、民族文化融合为一体的人文景观。青龙洞建筑群包含了太和洞、中元洞、万寿宫、香炉岩、状元桥、紫阳书院、文昌阁、吴王洞、令公庙等九大景点,建筑绵延镶嵌在长宽各约500米的溶洞外侧,附崖建设的殿宇建筑有28栋,房间有约100间,是贵州现存最大的寺院建筑群。

随起伏多变的地形,青龙洞建筑布局错落有致,整体布局为"L"型,从低往高依次为山门、正乙宫、吕祖殿、观音殿、玉皇阁、望江楼等建筑,建筑群整体没有明显的主轴线,仅望江楼、玉皇阁和观音殿是同一朝向。远观青龙洞建筑群,犹如从岩壁上生长出来的建筑一般悬挂在山壁之间,与自然融为一体。建筑采用"筑台""嵌入""附崖""借用""下吊"等巧妙、玄幻的手法,体现了贵州地区古代建筑的精湛技艺。青龙洞古建筑群可以分为三组:中元洞、紫阳书院和青龙洞。

始建于明朝嘉靖年间的中元禅院原名为中元寺,为佛教寺庙,是镇远佛教文化的集中地,主体建筑有大佛殿、望星楼和中元洞。大佛殿中供奉着释迦牟尼雕像,望星楼则建造于千佛岩之上,中元洞有三个洞口,里面供奉有文殊、观音、弥勒佛、地藏王、十八罗汉等雕像。

紫阳书院也名紫阳洞,是儒家书院,位于中元洞与青龙洞之间,主体建筑为山门、三角亭、考祠、老君殿、圣人殿等,由南向北布置。考祠的第二层供奉着南宋紫阳先生——朱熹,顶层供奉的是尧、舜、禹三官大帝。老君殿的中层供奉的是雷公、电母和雷神,三层供奉的则是道德天尊、太上老君、元始天尊和灵宝天尊。圣人殿的中层供奉的是朱文公,顶层供奉的是孔丘圣人。

青龙洞是道家殿宇,修建得最早,主体建筑有山门、财神庙、吕祖殿、观音阁、斗姥宫、玉皇阁。财神庙又称正乙宫,供奉的是财神赵公明,吕祖殿供奉的是纯阳祖师吕洞宾、药王孙思邈和道教师长邱处机,玉皇阁位于青龙洞的最高点,也是道家文化的核心,殿中塑有玉皇大帝和金童玉女像,吕祖殿的东侧为观音殿,殿宇上层供奉有观音、地藏王、普安祖师神像,下层还有佛宝神像、法宝神像等,这些都是佛教神像。

青龙洞山脚有一处存在明显轴线关系的建筑,名曰万寿宫,又名江西会馆,南邻青龙洞,北接中元洞,上有紫阳洞,是一组江南徽派风格的封闭式四合院,有高高的封火墙,主体建筑有牌楼、石库大门、前院戏楼等。

舞阳河畔的青龙洞还是贵州少数民族生产生活的场所,龙舟节、芦笙会等传统节庆此起彼伏,一年能有 40 余场。另外还有泥塑、蜡染、银饰、竹雕等民间手工艺品名扬海外。

可见,镇远青龙洞建筑群是一处集合了宗教、寺院、溶洞、民俗文化的人文景观和自然景观,在贵州地区乃至全国都有极高的文化价值。

六、贵阳甲秀楼建筑群

甲秀楼建筑群坐落在贵阳城南的南明河河畔,是贵阳市标志性建筑群,由三个部分组成:浮玉桥、甲秀楼和翠微园。翠微园始建于元末,而甲秀楼始建于明万历年间,建筑群经历了四百多年的历史,在 2006 年被列入全国重点文物保护单位。

明万历二十六年,巡抚江东之在南明河筑堤,修建了一座涵养风水的楼阁,由于江东之十分重视教育,便将此楼命名为"甲秀",意为"科甲挺秀"。明清两代间,甲秀楼经历了六次大规模整修,见证了贵阳城的风云变迁。甲秀楼总共三层,高约 20 米,是三重檐的四角攒尖顶楼阁,十二根石柱将檐部托起,檐口上翘,有白色雕花石栏杆围绕,这种建筑形制在中国古建筑中是绝无仅有的。甲秀楼伫立在水中的礁石鳌矶石上,犹如立在水中,极富诗情画意。

浮玉桥犹如漂浮在南明河上的白色玉带,造型灵动,在中国古代桥梁中是极负盛名的,可与扬州瘦西湖的五亭桥、杭州苏堤上的"六桥烟雨"相媲美,浮玉桥的独特形态比北京玉带桥还要早出现两百余年。轻盈的浮玉桥下,鳌矶石旁常常形成漩涡,被当地人称之为"涵碧潭",桥上所设的亭台名为涵碧亭,人在亭间桥上行走,犹如在水上行走,文人墨客把这种景象描绘成"水从碧玉环中流,人在青莲瓣里行"的楹联,雕刻在涵碧亭石柱上。

翠微园紧邻甲秀,位于浮玉桥南面,始建于明宣德年间,原先是寺庙和园林,名为"南庵",后经历了多次更名,先后有水月寺、圣寿寺、忠烈祠、武侯祠等称谓,后又改名为观音寺,直到1993年才更名为翠微园。翠微园占地4000多平方米,院内有拱南阁、翠微阁、龙门书院三座阁楼,阁楼有长廊和花墙围绕,造型灵动。

拱南阁始建于明永历年间,是一座高20多米的两层双重檐的阁楼,为歇山顶,穿斗式木结构,青柱白墙,翘角飞檐,金匾高悬。大门左侧是横在水面上的曲折廊桥,阁内左右两侧摆放着明朝文物,有青花瓷碗具、万通宝钱、文房四宝等,充满文化气息。

翠微阁早在清朝就久负盛名,它依岸临水而建,轻巧灵秀,拥有"半面山楼,半面江楼"的赞誉。阁楼位于拱南阁左侧的清花空翠园内,与拱南阁之间有一道围墙,围墙上有刻着各式各样花纹的石窗,石窗内外花木、楼阁光影斑驳,清新雅致。

拱南阁的右侧是龙门书院,院中绿意盎然、竹影摇曳,书院内主要展示中国的"爱鲤文化",这是因为龙门书院是为祀奉勤政爱民的贵州巡抚刘荫枢而建,曾名为"刘公祠",因刘荫枢是陕西韩城人,"鲤鱼跃龙门"的典故来自韩城,故称为"龙门书院"。

七、织金古建筑群

织金原本是土司地区,直至清朝康熙年间才因改土归流设立平远府,后又降为平远州,归属当时的大定府管辖。在清初到清末两百多年间,中原文化源源不断地流入织金,大力推动了织金的社会进步,并凝结出了一大批古建筑。仅在康熙五年至康熙十年,织金就兴建了十多处庙宇,据统计,织金全县各类文物有113处,城内的古建筑就多达74处,其中有26处文物被列为全国重点文物保护单位[1]。就

---

[1] 王渊.内外严防死守力保文化遗产——访织金古建筑群消防安全工作[N].法制生活报,2011-1-20.

国宝数量而言,"织金古建筑群"位居全省之首。

织金城内寺庙、庵阁、民居、宝塔、道桥、书院、会馆、道观、祭祀、溶洞等即是"织金古建筑群"的缩影。织金城内有四庵、四阁、四寺、四祠、八大庙(表7-2),文物众多,现存较完好的古建筑尚有27处,使织金成为名副其实的贵州历史文化名镇。

表7-2 织金城区古建筑一览表

类型	名称
四庵	观音庵、紫竹庵、白衣庵、回龙庵
四阁	文昌阁、玉皇阁、斗姥阁、文腾阁
四寺	东山寺、寿福寺、隆兴寺、地藏寺
四祠	忠烈祠、鼋神祠、武侯祠、丁公祠
八大庙	文庙、关帝庙、财神庙、马王庙、龙大庙、黑神庙、炎帝庙、城隍庙

资料来源:作者根据参考文献梳理[1]。

在织金众多的古建筑中,财神庙尤其值得一提。财神庙是一组由围墙、山门、正殿、两侧厢房组成的院落,相传是由彝族父女设计和施工的,期间父亲积劳成疾,不幸离世,女儿继承父业,继续将这座建筑工程完成。财神庙的首层为"凸"字形,与彝族"虎崇拜"中的虎头形状相似,被认为是变形后的虎头,彝族儿女心中黑虎地位最高,因此,财神庙的基础色调为黑色。财神庙底层屋面为庑殿顶,二、三、四层为逐渐内收的歇山顶。二层后部屋面又故意拉长,与底层屋面相接,底层屋面故意上翘,因此,庙宇从前面看是四层建筑,但从后面看则是三层,形成前高后低的独特视觉效果。首层有72根落地柱,往内四列的柱子能直通二层,成为二层的檐柱;再往内的四列金柱能直通三层,既是二层的金柱又是三层的檐柱;三层的金柱则直通屋顶,作为第四层的檐柱,由此使建筑内部向上逐层收紧,建筑外部层层出檐、富于变化。庙宇从侧面看犹如猛虎威坐,4层屋檐、54条屋脊、

---

[1] 杨军,李国朋.浅谈"织金古建筑群"的保护价值及开发[J].乌蒙论坛,2008(3):3.

18个翼角的边缘醒目之处均以白灰装饰,线条清晰爽快,犹如老虎的眼睛和耳朵般灵动活泼。织金财神庙古建筑是贵州地区多元文化融合的生动例证,这种建筑形制在全国绝无仅有,在全球也只有日本大阪的天寿阁与之相似。

本章小结

本章从贵州古建筑文化发展脉络和贵州古建筑案例两个方面介绍了贵州的古建筑文化。经历了石器时代、战国秦汉时期、三国时期至元代和明清时期的建筑文化积累,贵州地域形成了大批极具文化价值和艺术价值的古建筑群。这些古建筑中蕴涵着贵州地方民族文化内涵、随移民搬迁而来的汉文化内涵、贵州地域独特喀斯特自然人文景观内涵和多元文化融合的内涵。本章以雷山朗德上寨、安顺天龙屯和伍龙寺、毕节大屯土司庄园、黄平飞云崖建筑群、镇远青龙洞建筑群、贵阳甲秀楼建筑群、织金古建筑群七处古建筑群为案例,详细解析了贵州古建筑文化。

思考与讨论

贵州古建筑数量庞大、品类繁多,古建筑应当如何满足城市现代化下的发展需求和功能诉求呢?

推荐阅读书目

[1]屠玉麟.独特的文化摇篮:喀斯特与贵州文化[M].贵阳:贵州教育出版社,2000.

[2]贵州省文物管理委员会,贵州省文化出版厅.贵州古建筑[M].贵阳:贵州美术出版社,1987.

[3]陈顺祥,罗德启,李多扶.贵州古建筑[M].北京:中国建筑工业出版社,2015.

第八章

贵州地域文化融合

贵州地区的多民族构成注定了民族文化之间的交往交融是贵州地域文化的重要特色,这种文化融合包含了政治、经济、文化和社会等各方面,文化融合对贵州地区的发展产生着持久而深刻的影响。在全球现代化飞速发展的今天,贵州地域文化面临着前所未有的机遇和挑战。

第一节 贵州地域文化融合互动的表现

一、语言文化的相互影响

语言是各民族文化的载体之一,是民族内部和民族之间交流的工具。贵州地区多个民族长期生活在一起,势必需要语言相互沟通和交流,只有各民族语言相互学习、相互影响,才有利于各民族文化的交流与往来。因此,贵州地域各民族语言文化之间存在着深刻的影响,这首先表现在各少数民族山歌、酒歌与汉族儒家辞章的融合,以及汉族诗词歌赋中对少数民族唱腔的融合运用,这种融合方式将各民族儿女情感和意涵的共鸣在语言文化上体现;除此之外,贵州地区语言文化的相互影响还体现在各民族借鉴彼此的语言要素上,包括对彼此语法和词汇的借鉴,例如,苗族语言原本是将名词放置在修饰词之前,但随着汉族文化的不断渗透,现今苗族语言结构与汉语已经基本相同；再者，语言文化的相互影响主要是以汉族语言对少数民族语言产生影响为主，汉族人会说少数民族语言的人较少，而少数民族人能说汉语的则更多。

二、节日文化的相互互动

贵州地区少数民族众多，且各族的传统节日文化有很大的不同，但由于都生活在同样的自然环境下，许多民族有共同的自然崇拜思想，这为各民族节日文化的交流创造了可能。如秋收之前的农闲时期，苗族、侗族、布依族都会有"六月六"节庆，在节庆期间举行祭祀、歌舞等活动，而在秋收农忙之后，侗族和苗族都会过新年，苗族新年在农历十月，侗族新年则在农历十一月，另外，苗族的跳场、布依族的跳花会、侗族的跳花坡不仅在节日名称上相似，而且节日活动的主要内容都是青年男女对歌传情。可见，贵州少数民族节日文化有许多共通之处，这正是民族节日文化相互交流互动的表现。另外，随着汉族文化在贵州地区的持续渗透，汉族的传统节日得以在贵州地区广泛传播，许多少数民族也会庆祝汉族的春节、清明节、端午节、七月半、中秋节、重阳节等。除了各民族传统节日外，贵州地区还产生了许多新的节日，随着贵州旅游业的发展，地方政府和社会团体还会定期举办大型节庆和演出活动，如黄果树瀑布节、油菜花节等，汉族和各少数民族都参与其中，展现各族饮食、服饰、歌舞等文化，这为贵州各民族文化交融提供了更多的渠道。

三、建筑文化的相互借鉴

在过去，贵州苗族、侗族、布依族等少数民族的建筑多是土房和茅草房，少数为吊脚楼式的石头建筑。在贵州特殊的喀斯特地形下，随着各民族生产生活经验的日渐积累，各民族总结出了能与自然环境和生产生活习惯相适应的建筑文化，即杆栏式建筑和石板建筑。贵州少数民族建筑多以当地的木材和石材作为主要建筑材料，以木制杆栏式建筑、石木结合杆栏式建筑、石材半杆栏式建筑为主要形式,这种极富地域特色的建筑文化普遍存在于少数民族聚落中,是各民族建筑文化相互交流、相互学习的成果。桥梁一直是贵州各民族的重要公共建筑,通常是民族建筑技艺的集中体现,在侗族、苗族、布依族等少数民族聚落中都有精美的花桥,为木制建筑,有灵动的屋顶,屋面为青瓦,屋脊、屋檐、翘角饰以白灰,这种共通的花桥建造方式明显是各民族建筑文化相互学习、相互借鉴的呈现。

汉族移民一方面将汉族建筑文化和军事建筑文化带到了贵州,另一方面也学习了少数民族的建筑文化。例如,屯堡建筑便学习了少数民族的石板建筑,利用石材修建形态和功能各异的石板房,而少数民族也学习了汉族传统建筑文化,在建筑中运用了窗花、垂花等装饰手法。

四、婚姻习俗的演变

贵州少数民族众多,各民族在婚姻习俗上存在很大差异,在过去,少数民族之间几乎不通婚,实行的是族内通婚,婚姻习俗的巨大差异是各民族之间实现通婚的障碍之一。随着时代的发展,民族平等和婚姻自由的政策在贵州地区广泛推行,各民族之间交流更加频繁,形成了各民族相互了解、互相尊重、和睦共处的良好局面,少数民族的婚姻习俗也发生了巨大改变,各民族之间逐渐尊重、理解和接受了彼此的婚姻习俗,并且,现代婚姻文化也被少数民族广泛接受,从而缩小了各民族之间的婚俗差异。因此,贵州地区各民族通婚已经十分普遍,为贵州地域文化融合奠定了重要基础。

第二节 贵州地域文化融合互动的影响

一、丰富民族文化

民族文化是贵州地域文化的精神灵魂,是各民族在长期的生产生活实践过程中逐步积累、发展、演变形成的。各民族之间的文化认同是对贵州地域文化的深层次认同,是贵州地域文化能够延续的根本,可以说贵州地域文化的蓬勃发展以各民族文化交流交往为基础。文化本身并无优劣之分,每个民族的文化都独具价值和意义,随着时代的发展,贵州地域各民族对其他民族文化表现出开明、接纳的心态,并能积极、开放地去了解其他民族文化的内涵,以发现本民族文化的优势与劣势,充分吸收并借鉴其他民族的长处来弥补自身的不足,使本民族文化得以发展。正是因为贵州各民族文化得到了充分的交流交往,让贵州地域文化得到了许多创造性的发展,形成了共存、共享的地域文化格局,大大地丰富了贵州地区的民族文化。

二、带动地域经济发展

贵州地域文化融合对地方经济的带动作用主要体现在屯堡汉文化对少数民族地方经济的带动。自明朝起,随汉族移民源源不断输入的汉文化在与贵州少数民族文化长期的交流交往过程中,将汉族先进的农耕技术、生产技术和生产工具也带到了贵州,同时也将商贸版图延伸到了贵州地域,极力带动了贵州少数民族的社会生产力发展和经济水平提升。而各民族对社会进步和经济发展的追求又为贵州地区民族文化的交流提供了强大动力。

三、促进多民族团结

各民族文化的交流交往是民族生存和发展的基础和前提,在交融过程中,各民族逐渐相互了解、彼此包容,从而打破文化壁垒和地域边界,消解各民族的隔阂,改善民族之间的关系。各民族只有通过长期的文化交流才能相互借鉴、相互学习,实现共同繁荣、共同发展。各民族文化交流并非是在消除民族差异,而是通过文化交往交流寻找更多的民族共性,改善民族关系、促进民族团结、实现民族和谐,避免民族之间的文化冲突。

民族交融是一个长期的、缓慢的过程,是自然的历史过程和长时期的实践积淀。我们国家广泛、深入地推行民族平等、民族团结等相关政策,并大力助推少数民族经济、文化发展,在全国范围内形成了民族平等、团结、互助、和谐的民族关系。

四、塑造贵州地域文化多元一体格局

在贵州特殊的地理条件限制下,过去贵州的各少数民族文化呈现出封闭而保守的特征,并且还有较强的排他性,各民族的文化内容比较单一,经济发展也比较落后。随着历史发展,贵州经历了几千年的风云变幻,栖息在这里的各民族文化仍然能长存不衰、百花齐放,民族文化交融让贵州地区多元民族文化得以传承的同时,又基于各民族相互学习、相互借鉴,形成多民族一体的地域文化特色。贵州地域文化的多元一体格局是各民族文化价值和内涵的集大成,在现代化发展的诉求下,贵州地域不仅要继承和发扬各民族的优秀文化,还要加强各民族的交往交流,继续筑牢和巩固贵州地域文化多元一体格局。

本章小结

本章主要从贵州地域文化融合互动的表现和贵州地域文化融合互动的影响两个方面探讨了贵州地域文化融合问题。贵州地域文化融合互动的表现主要有四个方面:一是语言文化的相互影响;二是节日文化的相互互动;三是建筑文化的相互借鉴;四是婚姻习俗的演变。贵州地域文化融合互动的影响主要有四个方面:一是丰富了民族文化;二是带动了地域经济发展;三是促进了多民族团结;四是塑造了贵州地域文化多元一体的格局。

思考与讨论

在现代化发展的浪潮中,贵州地域文化传承和发展面临着哪些困境和挑战呢?

推荐阅读书目

[1]蔡熙."多彩贵州"的文化蕴含研究[M].昆明:云南大学出版

社,2014.

[2]贵州省中华文化研究会.面向新世纪的贵州文化建设[M].贵阳:贵州人民出版社,1999.

参考文献

[1] 蔡熙."多彩贵州"的文化蕴含研究[M].昆明:云南大学出版社,2014.

[2] 李宗发.贵州喀斯特地貌分区[J].贵州地质,2011,28(3):177-181,234.

[3] 张永国.贵州民族史研究(四)[J].贵州社会主义学院学报,2004(2):44-45.

[4] 张永国.贵州民族史研究(六)[J].贵州社会主义学院学报,2005(1):49-51,57.

[5] 余怀彦.夜郎社会性质小议[J].贵州师范大学学报(社会科学版),2000(3):61-62.

[6] 宁健荣.贵州古代铜鼓文化的文化内涵阐释[J].贵州民族大学学报(哲学社会科学版),2013(4):20-25.

[7] 张永国.贵州民族史研究(八)[J].贵州社会主义学院学报,2005(4):42-45.

[8] 张永国.贵州民族史研究(九)[J].贵州社会主义学院学报,2007(2):41-44.

[9] 郑晶燕.儒学在古代贵州地区传播方式初探[J].理论与当代,2007(6):53-54.

[10] 陈季君.贵州地戏的流布及其与地域文化的互动关系[J].四川戏剧,2012(2):60-62.

[11] 吴永章.明代贵州土司制度[J].贵州社会科学,1983(6):65-71.

[12] 翁家烈.土司制与贵州土司[J].贵州民族研究,1988(3):118-127.

[13] 郭红,王文慧.明代贵州卫学与地域文化[J].贵州文史丛刊,2016(4):89-97.

[14] 张祥光.明清贵州人口的发展对社会经济的影响[J].贵州师范大学学报(社会科学版),1998(3):21-25.

[15] 王路平.论王阳明与贵州少数民族[J].孔子研究,2000(6):68-75.

[16] 张羽琼.论明代贵州民族教育的发展[J].贵州师范大学学报(社会科学版),2000(4):86-89.

[17] 李寿旭.贵州傩文化研究(1368—1949年)[D].武汉:华中师范大学,2018.

[18] 陈宏明.贵州企业公司与贵州近代工业的发展[J].广西社会科学,2009(6):56-59.

[19] 张幼琪,史继忠,王嚳幸子.贵州近代工业的一波三折[J].当代贵州,2013(9):62-63.

[20] 赵星.贵州少数民族聚落文化研究[J].贵州民族研究,2010,31(3):66-70.

[21] 杜佳.贵州喀斯特山区民族传统乡村聚落形态研究[D].杭州:浙江大学,2017.

[22] 周真刚.近二十年来贵州少数民族村寨聚落研究综述[J].贵州民族研究,2012,33(1):31-41.

[23] 谢荣幸,包蓉.贵州黔东南苗族聚落空间特征解析[J].城市发展研究,2017,24(4):52-58,149.

[24] 孙轶男,王傲男,舒婷.贵州黔东南郎德上寨苗族村寨聚落

形态探析[J].四川建筑,2014,34(3):8-9,13.

[25] 杜佳,王佳蕾.生存与适应视角下的布依族聚落营建——以贵州安顺镇宁高荡村为例[J].建筑与文化,2017(11):93-95.

[26] 刘加维,张凯莉,周政旭.少数民族聚落景观模式语言解析——以贵州扁担山地区布依族聚落为例[J].住区,2016(3):151-159.

[27] 金双.传统民族聚落公共空间形式探析——以贵州侗族为例[J].四川建筑科学研究,2012,38(6):248-252.

[28] 龚敏.贵州侗族聚落场所精神探析[J].贵州师范大学学报(社会科学版),2014(6):75-78.

[29] 侯兆铭,李思言,姜乃煊,等.西南地区少数民族聚落形态研究——以黔东北土家族传统村落为例[J].大连民族大学学报,2018,20(1):56-59.

[30] 翁家烈.屯堡文化研究[J].贵州民族研究,2001(4):68-78.

[31] 万明.明代徽州汪公入黔考——兼论贵州屯堡移民社会的建构[J].中国史研究,2005(1):135-148.

[32] 杜佳,华晨,余压芳.传统乡村聚落空间形态及演变研究——以黔中屯堡聚落为例[J].城市发展研究,2017,24(2):47-53.

[33] 桂晓刚.试论贵州屯堡文化[J].贵州民族研究,1999(3):78-84.

[34] 吴正光.贵州古建筑发展脉络及地方与民族特色[J].中国文物科学研究,2008(3):30-33,42.

[35] 吴正光.贵州的古建筑文化[J].当代贵州,2005(3):57.

[36] 余小龙.清代贵州民族地区的语言衍变与文化融合[J].贵州民族研究,2022,43(3):154-159.

[37]吕虹.关于建立贵州多元民族民间文化传承发展机制的思考[J].贵州民族研究,2006(1):17-20.